自分ものさし仕事術

ブレずにストレス0で成果を2倍にする方法

吉野 創

ぱる出版

はじめに

あなたは今、自分らしく働いているでしょうか。
自分らしく働く、と急に言われても、

「いったい何が自分らしさなのかわからない」
「自分らしさはなんとなくイメージできるけれど、それを仕事に活かすだなんて、考えたこともない」
「たとえ自分らしく働いたとしても、仕事に良い影響が出るとは思えない」

などなど、ピンと来ない方も多いかもしれません。

では、「自分らしく働く」とはどういうことでしょうか。

実は、**それができるようになると、あなたは自然体で楽《らく》に仕事をしながら、そのうえ最高の成果を上げることができるようになります。**

社会人になると、1日の大半が働いている時間です。

つまり、人生の大半の時間を、仕事に費やしていることになります。

そんな膨大な時間をつまらないものにするか、楽しく充実したものにするかは、あなたが「自分らしく働けるかどうか」にかかっています。

つまり、職場でどれだけ「自然体でいるか」ということが大切になってきます。

自分らしく働くには、日々の仕事や生活の中で、あなたを取り巻く人や環境にばかり気を取られるような生き方では難しいでしょう。

実は、私自身、社会人となって就職した会社では、いつも周りの人の目を気にしていました。今思えば、それがためにいつも「なるべく、よく思われたい」「優秀だと思われたい」という意識で自分を装うような生き方になっていました。

つまり、「自然体の自分」とは、真逆の自分だったのです。

自分を装っていましたから、いつも人間関係でストレスを感じていました。

例えば人と2人きりになった時などは「相手からどう思われているか」ということばかりが気になって「何を話したらいいか、どうしたら相手によく思われるか」ということで気疲れしていました……。

そんな自分でしたから、職場や仕事関係の人との人間関係はなるべく避けようとし、こちらから積極的に関わることができず、でも、それを悟られないようにするためにさらに気疲れしてしまう、という有様でした。

職場で信頼されるような存在でもなく、なかなか仕事で成果も出せない状態でいました。今思えば、当時の上司や先輩方をさぞかし不安にさせていたことだと思います。

そのような、「周囲の目を気にして自分を装う」という考え方は、これではいけないと薄々気づいてはいたのですが、なかなか変わりませんでした。

やがてコンサルティングファームに就職し、支社長となって人をマネジメントする立場になり、そのような自分自身では到底この先通用しないのだ、ということを嫌でも突きつけられる出来事が起きました。

それは、支社長としての責務である支社のマネジメントで成果を出すことができず、支社長をクビ、つまり「降格」となってしまったことです。

これは今までの人生の中でもかなりショックな出来事でした。

「自分はもう、誰からも必要とされていない」と思い詰めた私は、精神的に参ってしまい、会社をやめることも考えました。

しかし、それでは何の解決にもならない、ということはわかっていました。そこで、私は踏みとどまって「自分を変える」実験を開始することにしたのです。

「そもそも人間は、何のために生きるのか」そんな、**自分の生きる目的から考え直して、仕事や人生に対する考え方を、一から学び直すことにした**のです。

そして私は、さまざまな人や書籍から学んだことで、人間がよりよく、後悔しない人生を生きるために大切なものを見出すことになります。

それが、本書で紹介する**「自分理念」＝「自分ものさし」という発想**だったのです。

会社の「企業理念」や「経営理念」なら聞いたことがあっても、「自分理念」という言葉は聞いたことがない、という方が多いかもしれません。

別の言葉で言い換えるならば、**「『自分らしさ』を言葉にしたもの」**とも言えるでしょう。

私は経営コンサルタントという仕事柄、そして、自分自身の過去の経験からも、この「自分理念」を持つことの大切さを多くの方に、特に若い方々には知ってほしいと思っています。

なぜならば、**「自分理念」を持っているか、持っていないかで、その後の人生や、仕事への取り組み方に大きな差が生まれてくる**からです。

まだ社会人になったばかりという方にとって、この先何十年も続いていく仕事人生を豊かなものにできるかどうかは、この「自分理念」を持っているかどうかにかかっています。

そして、「自分理念」を持つということは、**あなたという人間がどう生きるのか、ということに関わりますから、仕事だけの話ではなく、人生全体が充実して幸せなものになるかどうか、ということにもつながっていきます**。

この本では、「自分らしさ」を見つめて「自分理念」を導き出し、それを存分に仕事や人生に活かすことによって、あなたなりの価値観に沿った生き方を実現する道筋をガイドできれば、と思っています。

「自分らしさ」と「自分理念」とは、仕事にどうつながるのか。あなたが自分らしく働いて、「最幸」の仕事や人生を送るための「自分理念」という発想を、これから一緒に紐解いていきましょう！

第1章

なぜ「自分理念」が必要なのか？

第2章 「自分理念」って何？

第3章 「自分理念」を持つメリットって何？

第4章 「自分理念」のつくり方

第5章 「自分理念」を活用して自分らしく成果を出す

ブックデザイン・DTP　亀井文（北路社）
企画協力　ネクストサービス株式会社（代表 松尾昭仁）
編集協力　西岡亜希子
編集　岩川実加

第1章

なぜ「自分理念」が必要なのか？

1.1 こんな悩みは「自分理念」がないから

現代社会は、ただでさえストレスフルな環境です。

予測不可能な形で変化し続ける厳しい社会状況の中で、多くの方が、ストレスを抱えながら仕事に励んでいるのではないかと思います。

特に、社会人になったばかりの若い方の中には、期待に胸を膨らませて会社に入ったはずなのに、「こんなはずじゃなかった」、「どうしてこの会社に入ってしまったんだろう……」と、ややトーンダウンしている方もいるのではないでしょうか。

そこまでではなくても、仕事に対して、なんとなくモヤモヤした思いを抱えている方はたくさんいらっしゃるかと思います。

私は経営コンサルタントという仕事柄、応援している企業の新人研修や若手社員の研修にも取り組むことも多いのですが、そのときにお会いする新入社員や、若手社員の方からは、次のようなお悩みをよく耳にします。

●仕事のポイントがつかめない

先輩や上司の指示がよく理解できない。質問しようと思っても、わからないポイントすらつかめないので、どうやって質問すればいいのかもわからない――。

●優先順位がつけられない

次から次へとやるべきことが増え、何から手を付けていいのかわからない。仕事に対しても、時間に対しても、何を優先すればいいのか――。

●仕事に対するモチベーションが上がらない

ルーティンの繰り返しばかりで仕事がつまらない。毎日早く仕事を終えて、帰ることばかり考えてしまう――。

●今のままでは成長できない

どうにか仕事はこなせるようになったけれど、この職場でこれ以上得られるものがあると思えない。このままここで働き続けていいのだろうか――。

こうした悩みやモヤモヤが払拭されず、蓄積されていけば、必然的に仕事の生産性は落ちていくでしょう。

生産性が落ちれば、当然成果も上がりません。そして、上司からは怒られ、またモチベーションが下がる――。

いわゆる、「負のスパイラル」に陥ってしまいます。

実はこれらの悩みは全て「自分理念」がないことが原因です。

もしあなたが、「自分らしく働く」ことができれば、こうした漠然とした不安やモヤモヤを抱えることなく、迷いなく働いていくことができます。そこで、「自分理念」という発想が重要になってくるのです。

「自分理念」があれば、全ての行動に対して判断基準が生まれ、迷うことがなくなります。迷うことがなくなれば、仕事もスムーズに進むので、生産性も上がり、成果が出て褒められるのでモチベーションも上がる――。

こうしたプラスのスパイラルが生まれるのです。

プロのスポーツ選手は、どんな状況に陥っても、次に取るべき行動を瞬時に判断できるよう訓練を積んでいると言います。判断に迷うと、それだけでパフォーマンスを低下させるからです。

迷う時間を少しでも減らして前に進むには、自分の中に判断軸をつくることが必要です。

その判断軸をつくることが「自分理念」をつくることにつながります。

何かを判断するときに、「自分理念」に沿っているかどうかだけを考えればよいというのは、とてもシンプルで効率的な考え方ではないでしょうか。

1.2 仕事がうまくいかないのは「仕事観」が不明確だから

かくいう私も、若い頃は「自分理念」という発想自体にまったく縁がなく、さまざまな失敗を繰り返してきました。

私が新卒で初めて就いた仕事は、ジーンズメーカーの営業職でした。

将来、自分でお店を出したいという夢があった私は、夢に向かってがむしゃらに頑張るつもりで、その会社に入社したのです。

ところが、入社してすぐ上司から厳しい指導を受けた私は、毎日辛くて仕方がなくなり、ほとんど対人恐怖症のような状態に陥ってしまいました。

意図的に上司や先輩たちと距離を取り、コミュニケーションを避けていましたから、当然成長することもなく、成果もまったく上がらない。

絵に描いたようなダメ営業マンだったと言っていいと思います。

もちろん今思えば、あの時の上司は、私のためを思い厳しく指導してくれていたのだということがよくわかります。しかし、当時の私はそれが理解できませんでしたし、人の気持ちを理解しようともしていませんでした。ただただ、自分は上司から嫌われていると勝手に思い込み、仕事にも前向きに取り組むことができませんでした。

そのくせ「先輩や上司から評価されたい」とか、周囲からは「できる自分に見られたい」――。そんな気持ちでいっぱいで、**常に職場で「仕事ができる自分」を装っているような状態**でした。

肩に力が入り、職場で一瞬も気を抜くことができず、常に無理をしているような状態が続きました。すると、自然と職場に行くこと自体がストレスとなり、まったく仕事が楽しいと思えなくなりました。

その後コンサルティングファームに転職し、支社長として部下のマネジメントも経験しましたが、その頃の私も、日々業績達成というプレッシャーと闘いながら結果や数字にばかり執着するような働き方をしていました。

業績を上げ数値目標を達成しなければという気持ちばかりが空回りして、**部下を指示命令で動かそうとしては、自分の期待通りに動いてくれない部下を責めるという、またしてもストレスフルな日々**でした。

そんな無理な働き方・働かせ方では当然うまくいかず、優秀な社員、部下は私の元を離れていきましたし、支社の業績も悪化して、支社長降格も経験しました。

とにかく、当時の私は「こんなに努力しているのにうまくいかないのは周りのせいだ」と、周りの人たちの責任にして、いつもストレスを感じながら仕事をしていたように思います。

このような、これまでの仕事がうまくいかないその理由を突き詰めて考えていった時、結局、周りからどう見られているか、ということばかりが気になって、

「自分は、どうしたいのか」
「自分が本当にしたいことは、何か」

と言った、**自分の心の内面、つまり、自分の本当の気持ちを大切にして働くことができていなかったのではないか、**と思ったのです。

当時を思い返してみると、その頃の私は、**「自分らしさ」とか、「自然体」といったものとは、ずいぶんかけ離れていた**ように思います。

――そもそも自分は何のために働いているのか。
――自分にとって仕事とは何か。

私はこのような仕事に対する見方・考え方を「仕事観」と呼んでいますが、当時の私は、このような「仕事観」も定まっていませんでした。また、1つ1つの行動に対する自分の心の中の判断基準がなく、ただ外面ばかりを気にして、目の前の仕事をこなすために無理を重ねていた状態でした。

やがて「支社長降格」、つまり明確に「今のお前じゃダメだ！」という現実を突きつけられて、当時、落ち込みはしましたが、今思えば、私にはそれがよかったのだ、と思っています。

なぜならば、それで1回自分をリセットできたのですから。

結局、**自分は何のために仕事を頑張ってきたのか？と、自分の「仕事観」を改めて考えるきっかけを得られ、私はいい意味で開き直ることができた**ように思います。

そうすると次第に、自分に変化が起きました。

「支社長だから、こうあらねばならない」といった**変な外面を気にする呪縛から解放**

されて、自然体の自分でいられる時間が増えていきました。

外面を気にする必要がなくなって、仕事をする中で、「自分らしさ」を考える心の余裕が生まれました。**自分の内面に問いかけて、自分が「何のために仕事をするのか」がわかっていれば、不思議と、無理なくそこに存在できるようになる感覚**です。

自分の仕事に対する考え方を1つの判断基準にして、無理なく楽に働くことができれば、ストレスも溜まらず、創造性が発揮され、自分の持つ本当の力が発揮されるようになります。

すると、仕事の効率も上がり、結果もついてくる感覚を得られるようになります。そして、これが「自分理念」の大切な要素にもなるのです。

ぜひあなたもこの、自分自身の「仕事観」を見つめ直してみることを、試してみてほしいと思います。

1.3 「『楽』な働き方」って何だろう

自分らしく働くことができると、「楽に」仕事ができるようになるとお話ししています。

ここで言う**「楽に」という言葉は、決して「楽して働く」という意味ではありません。また、わがままに、自分勝手に、手を抜いて、楽をする、という意味ともまったく違います。**

ではいったい、どういう意味なのかを説明したいと思います。

人間には誰しも、基本的に、「楽をしたい」という欲求があります。それは、自分自身の身を守ろう、という動物が本来持つ自己防衛本能に近いものです。

ですから、放っておくと、面倒なことは避けたい、嫌なことは人のせいにして自己正当化したい、という方向に無意識のうちに流れていきやすいようです。
自分の損得で考えて、楽な方に無意識に流される……これを「依存型姿勢」と呼んでいます。

ただし、そうした依存型姿勢に流されて人生を送っていると、人は決して主体的に生きることはできません。世界で一番読まれている自己啓発書と言われている『7つの習慣』（スティーブン・R・コヴィー著）という本がありますが、ここに、成功のための第一の習慣として挙げられているのが、「主体的に生きること」です。

このことからも、いかに主体的に生きることが大切であり、また逆に言えば「意識しなければ」難しいことであるかがわかります。

最近ではワーク・ライフ・バランスが叫ばれ、働き方改革が進み、職場でも個人の意思が尊重される時代になってきました。

個人の意思を尊重すると言えば聞こえはいいのですが、それはつまり、全て「**自分の責任で選び取り、決めていかなければならない**」ということです。

以前のように、会社が働き方を厳しく管理することも少なくなってきていますから、もしあなたが「楽する方に流される」道を選んだとしても、誰もそれを注意などしてくれないことが当たり前となるでしょう。

つまり、**これからの社会人は、どう生きるかは、全てあなた自身が決める時代になる**のです。それを意識すると、「主体的に生きること」につながります。

しかし、ここで重要なのは、「楽する方に流される」道を選んだとしても、楽になって喜んでいられるのは一瞬であって、その喜びは決して長続きしない、ということです。

例えば、「自分の案件で受注を取れず、チーム全体の今期目標達成ができなかった」という場合に、「でもその責任は、提案資料を最終チェックした上司の責任であって、自分の責任じゃない」と他責にしてしまった、とします。

確かに、それで責任を逃れて、その時は楽になるかもしれませんが、そのように上司批判をして他責にしているあなたの人間性を見て、周囲のメンバーのあなたへの信頼度は下がる可能性がありますよね。

そのような状態で、上司からあなたに仕事の案件が回ってきたり、仲間からの協力が得られたりするものでしょうか。

これは極端なケースですが、信頼が低下して、職場の仲間からの協力が得にくくなっていくと、結果として仕事での成果はさらに出しにくくなると思います。

さらにこの経験からの自分自身の成長は、果たしてあるのでしょうか。他責にしてばかりいると、自分自身の成長はありませんよね？

つまり、**他責にして自己正当化しても、根本的な解決になっていないので、また同じ問題が起こり、何度も繰り返され、そこでまた「楽な方に流される」としたら……。**

長い目で見たときに、果たしてそれは本当に「楽」と言えるのでしょうか。

楽な方に流される生き方をしていると、若いうちはよくても、30代、40代と、年齢を重ねても自分の中に何も積み重なりません。

楽して要領よくやってきたように思えても、後ろを振り返ったら、実績も、人も、何も残っていない——。そんなことにもなりかねません。

少しでも、思い当たるところを感じたら、ここで一度、**自分には他責にして自己正当化する「依存型姿勢」の部分ってなかったかな？と振り返って自覚してみることが大切**です。入社したばかりの新人の方であれば、学生時代や、家庭生活、親との関係の中で、そのような姿勢を無意識に取っていなかっただろうか、と。

その上で、依存型姿勢を自覚できたら、改めて自分は何のために働いているのか、そして、主体的に生きるためにはどうすればいいのか、少し深く考えてみることをおすすめします。

「主体的に生きる」ということは、自分が「こう在りたい」と思った通りの人生を生きるということ。自分の「在りたい姿」に向けて、生きていくことができれば、そこにはストレスが溜まる隙はありませんから、ストレスは0、という状態になります。

ただし、それは無責任に、自分勝手に生きることとはもちろん違います。

あなたは何のために働き、何のために生きていくのか。

それが明確に理解できると、自分の生きる目的、働く目的が見えるようになります。そうなると、仕事においてもさまざまな迷いは消え、自然体で自由に働くことができるようになるのです。そうなれば、働くこと自体が楽しくなります。

そんな状態を、私は、「楽に働く」と表現しています。それは**「自分らしく、無理なく、自然体で働く」という意味**です。

そして、**楽に働く秘訣こそが、「自分理念」を見つけること**なのです。働く目的がわかると、働くことが楽しくなる。「働く目的」が「自分理念」とつながっていくのです。

1.4 嫌なことから逃げても、いつも同じ壁にぶつかる――自立型と依存型

嫌なことや嫌な人、困ったことに直面したとき、あなたはどうするでしょうか。

例えば、どうしても好きになれない、苦手なお客さんが職場に来たら――。

居留守を使ったり、担当を誰かにかわってもらったりして、そのお客さんから逃げる、という方もいるでしょう。

そんなふうに逃げてしまえば、こんなに簡単なことはありませんよね。

しかしそれは、単に嫌なことから逃げ、「楽に流されている」だけの安易な解決方法で、根本的な解決にはなっていません。

心理学の用語に「投影」という言葉がありますが、**誰かのことを嫌だと思う時は、**

たいてい自分自身の中にある嫌な面を、相手の中に見ていると言います。

ですから、そのお客さんの嫌な部分というのは、あなた自身の中にある、あなたが嫌だと感じている部分なのかもしれません。

ということは、たとえ一時的に「苦手なお客さん」を回避できたとしても、きっとまた同じように、自分自身の嫌いな面を投影した、別の「苦手なお客さん」が現われることになるでしょう。

あるいは、こんな話もよく耳にします。

職場の人間関係に嫌気がさして転職したのに、新しい職場に行ってみたら、そこにも似たような人たちがいて、また同じように人間関係に悩まされている——。

つまり、**嫌なことから逃げ出して、「楽に」解決しようとしても、根本的に解決しない限りは、同じような壁がまた立ちはだかる**、ということです。

何度も同じ問題で悩み続けていては、貴重な人生の時間がもったいないですよね。

では、問題を根本的に解決するためには、どうしたらよいのでしょうか。

それは、「物事を前向きに受け止め、向きあうこと」。

私はこれを、私のメンターである福島正伸先生から、「自立型問題解決法」と教わりました。

全ての問題は前向きに受け止め、考える以外、解決できないのです。

つまり、「自分に何ができるのか」を考えていかなければ、本質的な解決はできません。このような姿勢を「自立型姿勢」と言います。

そして、「自立型」の対極にあるのが「依存型」ですが、それは「他責型」とも言い換えられます。**「他責」とは、他人に責任を押しつけること。何かうまくいかないことがあると、自分ではない誰かのせいにしてしまう考え方**です。

人間は無意識のうちに自己正当化しようとして、他人に依存し、他人に責任を求め

人間の2大欲求からくる姿勢と考え方

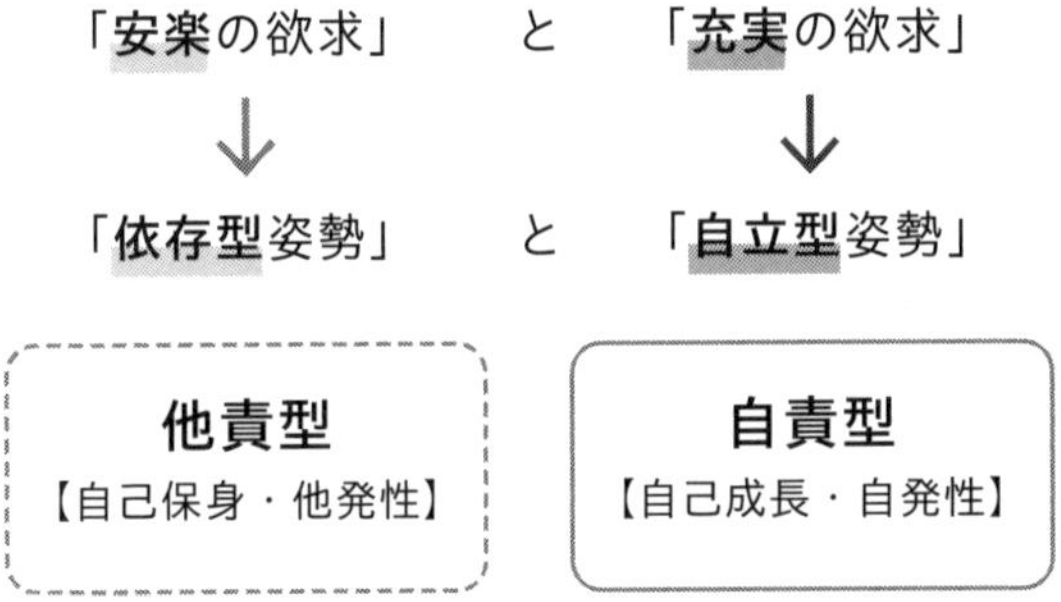

てしまいやすいものです。この「他人に依存」して「他責」にする、という傾向を誰しも持っています。

私も実は管理職をしていた頃には、そんな考え方を無意識のうちにしていたことがありました。

「自分がこんなに頑張っているのに、うまくいかないのは部下のせいだ」

と、自分の責任を棚に上げて、うまくいかない原因を全て他人に押しつけて考えていたのです。

この他責型・依存型の考え方をする人は、何か問題が起きると「嫌なこと」「まずいこと」……つまり「ピンチ」として捉えますから、それが繰り返し起こるとなると、かなりのストレスにさらされることになります。

業績が上がらないのは部下のせい、会社のせい、お客様のせい、時代のせい。

そんな自分にとっての「まずいこと」から逃げたいばかりに、責任を自分以外の誰か、他人に押しつけるのです。

逆に、自責型・自立型の考え方ができる人は、問題が起きたらまずそれを現状を打開するためのきっかけ……つまり「チャンス」と捉え、自発的にどんどん動いていきます。

原因を自分の中に探し、他責にしたい自分を乗り越えて「自分だけに依存」して、自分が行う打開策を立てて行動していきます。

他人が変わることを期待しても、それはすぐには実現しないものです。

だから、**まず相手を変えるのではなく、自分が変わる**こと。

結局はそれが最も時間を有効活用できる、最速で最強の問題解決方法です。**あなたの前に壁が立ちはだかったら、都合の悪いことから逃げるのではなく、正面から「この壁を乗り越えて、成長するチャンスだ」と向きあってみましょう。**

このような自責型と他責型の考え方を受けて、ある企業の若手の方が、こんな感想と気づきを話してくれました。

「逃げ回っても同じ状況が続き、結局同じ状況やステージから抜け出せない」……確かにこれって、あるなあと。

自分の過去の経験の中にも心あたりがあり、かなり心に刺さりました。

これからは、常にこの言葉を念頭に置き、「無意識に楽な道を選択し逃げてしまうことがないようにしよう」と改めて決意できました。

そして、ゆくゆくは「無意識にあえて困難な道を選択できる人材に成長したい」と思いました。

（男性・26歳）

1.5 「相手のため」は「自分のため」——無意識の自己保身から抜け出そう

人間は誰しも、自分を守ろうとする自己保身の本能があります。

これは生きていく上で当然の本能ですから、一概に否定することはできません。

ただ、それが仕事の場で、自分だけが「楽する」方向で発揮されてしまうと、決していい作用は生まれません。

わかりやすいところで言うと、負担の大きな業務があったときに、無意識のうちに「(自分が)楽をしたい」と考えて、誰かにその負担を押しつけようとしたり、自分だけ回避しようとしたりする人。

商品が売れないのは品質が悪いせい、販売店の場所が悪いせい、などなど、言い訳をする人。

同期を出し抜いて、自分だけ営業成績を上げようと、得意先の情報を共有もせず、ついでにライバルの悪口まで言って、自分ひとりだけ業績アップをもくろむ人。

……あなたの周りにもいませんか？

こんなふうに、**無意識のうちに、自分だけの利益を優先させ、自己中心的・自分勝手なものの考え方・働き方になっている人は、自分を守るために、仕事で「楽する」ような手段を無意識のうちに取っている**、と言えます。

こんな人が職場に増えていくと、少しでも問題やトラブル、ミスが起きた時に、お互いがお互いにその責任を押しつけあうようになりますよね。なぜならば、人のせいにして、自分の責任をごまかす方が「楽」だからです。

自分は悪くない、一生懸命やっている、だから、うまくいかないのはあいつが悪い、社会が悪い、時代が悪い──。などと、いくらでも言い訳はできますし、そんなふうに他人に責任を負わせて、自分を正当化するのはとても簡単なことです。

しかし、そのような考え方のクセが日常化していくと、その人の周囲の空気は必然的に悪くなり、次第に他責の空気が蔓延していき、組織としての成果も上がらず、評価・業績も下がっていくことになり得ます。

そして、それに気づかないままでいると、最終的には、自分の身を守ろうとして取った行動によって、自分の身が守れなくなる、という矛盾が起こってきます。

不思議なことに、**目先の利益を「楽して」求めれば求めるほど、逆の結果が自分に返ってくる**のです。

それはなぜかと言うと、理由はシンプルで、**本人の「他責にする姿勢」は周囲からはいとも簡単に見抜かれているから**です。だから、周りの人から何も言われないからといって他責の姿勢のままでいると、あなたへの周りからの信頼は次第に失われていくということになります。

別の表現では、「自利」と「利他」という言葉があります。これは、「利己的」「利他的」と言い換えた方がわかりやすいかもしれません。

自分を優先させる「利己的」な行い（つまり、他責にして自己正当化する姿勢での行い）ばかりしていると、結局はうまくいきません。

ここで、**他人を優先させる「利他的」な行いの方に、少しずつでも、今度は意識的に行動をシフトしてみると、思いも寄らぬ変化が起こります**。

相手を優先して何かをしてあげると、そのことで相手が喜びます。すると、それを見た自分も、不思議と嬉しくなったり、喜ぶことができるようになったりするのです。

相手のためを思ってやることが、まわりまわって自分のところにも還ってくる。

私はよく企業研修でも、「誰かに何かを与えると、与えたものが自分に還ってくるように、世の中はなっているようだ」ということをお伝えしています。

そう言うと、「自分はまだ新人で、何も与えられるものはありません」と言う方がいますが、たとえ入社したばかりの新入社員であっても、与えることはできるもの。

それは例えば……素直さ、笑顔、やる気に満ちたエネルギーなど、ただ元気な自分として存在しているだけでも、周りの人に良い影響を与えることができるのです。

・人に、いいことをすると、いいことが還ってくる
・人に、嫌なことをすると、嫌なことをされる
・人の悪口を言っている人は、人から悪口を言われる

……これはどうも、世の中の原則のようです。

「自分のために」だけじゃなく、「相手のために」「みんなのために」という気持ちで動いてみると、自然とその思いが周囲に伝わり、応援が得られるようになるものです。

1.6 「つまらない」仕事を「楽しく」する

「仕事がつまらない」というのも、よく耳にするお悩みです。

入社してしばらく経ち、仕事の全体像がおぼろげながらも見えてくると、最初の緊張感も薄れ、毎日のルーティンで仕事をこなすだけ。早く仕事を終えて帰宅することだけを考えている——。

そんなことを感じた経験をお持ちの方も多いかもしれません。

こんな毎日では、仕事そのものに価値がないように思えるかもしれませんし、1日の大半を「つまらない」とぼやきながら過ごすのは、とても辛いことですよね。

では、逆に、あなたが「楽しさ」を感じるのは、どんな時でしょうか。

胸がワクワクして、やめようと思ってもなかなかやめられない、ずっと続けていたい、と思うような瞬間ですよね。

こういう**「楽しさ」を感じている時間が、実は人が能力を最大限に発揮している状態**なのだそうです。集中力や発想力、行動力などが高まって、必要以上の不安も感じず、前に進んでいくことができる状態です。

私の場合、趣味のゴルフや、大切な仲間との語らい、食べ歩き、旅行など、楽しいと感じる瞬間はたくさんありますが、中でも最高に楽しいと感じる時というのは、「人が成長する瞬間に立ち会えた時」です。

経営コンサルタントという仕事柄、たくさんの方々と、企業の研修などでご一緒する機会があります。

特に、泊まりでの合宿研修の場合、仕事的に「楽なこと」は一切ありません。運営側として、常に1人1人の様子に配慮し、時間と品質を意識しながら厳しく取り組む必要があります。夜も寝る時間を削って明日の準備をしたりミーティングをしたり、といったことが当たり前で、体力的にはかなりハードな仕事です。

しかし、その限られた時間の中で1人1人の人生と真剣に向きあっていくと、その方々が気づきを得て、大きく成長したり飛躍したりする瞬間があります。それは私にとっては、最高の「心の報酬」と呼ぶべきもの。

報酬とは、何も売上や利益、成果や給料だけではなくて、自分の心が揺さぶられるシーンや、感動する体験こそを言います。心が揺さぶられるような言葉や、表情に触れること。人の成長ぶりに感動して、涙が出ること。そんな心の報酬が欲しくて、私は「志事」をしている、と言ってもいいくらい。

そういった兆しが見えた時や、その瞬間を目にすることができた時は、喜びに胸が躍って感動し、この仕事をずっと続けていたいという実感が湧いてきます。

実は私はこの経験から、このワクワクを常に感じていられるような、人の成長を応援する会社をつくろうと思いたち、現在の会社を創業した経緯があります。

しかし、こんなふうに自分が何に喜びを感じ、楽しいと感じるのかに気づく前は、自分は経営コンサルタントの仕事に向いていないと思い詰めて、この仕事をやめようとまで考えていたのです。

それが、**自分にとって何が喜びであるかを考え始めた時に、仕事の見方・捉え方が変わり、生き生きと働けるようになっていきました。**

私の場合は結果的に起業に至りましたが、何も皆さんに起業や転職をおすすめしているわけではありません。今の職場環境、仕事でも、自分自身のワクワクを探し、工夫しながら実現することは十分に可能だということをお伝えしたいのです。

あなたが仕事の中で感じる「おもしろいこと」「嬉しいこと」「楽しいこと」「好奇心が掻き立てられること」「ワクワクすること」などといった視点で仕事を見直してみましょう。例えば、どんなことがありますか？

仕事ですから、時には大変なことやきついこと、厳しく辛いことも当然ながらあるでしょう。しかし、よく考えてみると、そういうことばかりではないはずです。

「つまらない」とぼやいている時間を、「どうすれば楽しめるかな」と考える時間に変えてみる。「仕事がつまらない」ではなく、「自分自身が仕事を楽しくする」にはどうするか？　こんな意識を持ってみることもできるはずです。

これは、本当にちょっとした思考の転換ですが、こんなふうに発想を変えてみるだけで、仕事や人生の「楽しい時間」が何倍にも増えていきます。

自分自身で意識して、仕事を楽しくできるようになると、つまらないことを無理にしているという意識がなくなり、自然体で、楽しく、「もっとやりたい」と思いながら、生産的に仕事に取り組んでいくことができるようになるのです。

「楽しむ時間」「ワクワクする時間」をいかにして見出していくか。そしてそこに、あなたの意識を向け、エネルギーを傾けていきましょう。その発想法や思考法、そして実践法を本書ではお伝えしていきます。

そしてこのことが、「自分理念」につながる大切なキーになります。ぜひ一度、自分自身の仕事に向かう姿勢を見つめ直してみていただけたらと思います。

1.7

「自分理念」から始めればうまくいく

人には意識的な行動と、無意識の行動があるというのをご存じでしょうか。

デューク大学が発表した学説によれば、人間の行動全体のうち、無意識の行動が4割を占めていると言われているそうです。

そうした無意識の行動というのは、基本的には、危険や災難から自分の身を守るための行動に紐づいている場合が多いようです。

それは、先ほどお話しした「自己保身」に基づく行動です。すなわち自分の損得や、楽をしたい欲求と結びつきますから、人というのは意識しなければ、そうした無意識の自己保身の発想に陥りやすいということを、まずは押さえておきたいと思います。

しかし**ビジネスや事業においては、顧客を喜ばせることを通じて、世の中の役に立ち、人を幸せにして初めて対価を得られるという原則的な仕組みがあります。**

そのビジネスの世界において、「自分さえよければいい」という発想をベースにした事業を行っている企業が、果たして世の中から必要とされるでしょうか。

時折、産地偽装や粉飾決算などといった不祥事が世間をにぎわすことがありますが、それも、その企業で働く人全員が悪いのではなく、ほんの一握りの人間の自己保身の考え方が発端となって、トラブルを引き起こしていると言っていいでしょう。

このような企業では、たいてい社内においても足の引っ張り合いが横行していますから、空気も悪い。お互いに自分の身を守らなければやっていけない。そのような荒んだ状態では社員の相互支援のコミュニケーションもうまくいかず、モチベーションも下がります。

社内外でトラブルが絶えない状態が続けば、社員の精神状態も悪くなり、楽しく仕事ができるはずもなく、結局ビジネスもうまくいきません。

ただし、意識することで空気に流されないようにすることも、できます。

つまり、**無意識の判断軸ではなく、意識的な判断軸が必要**で、その発想を持つ人をいかに増やしていくかが会社の空気を変え、ビジネスを成功させるための大切な要素となっていきます。

そのために必要なものが「自分ものさし」つまり「自分理念」なのです。


そこに「自分理念」があれば、それが判断軸となり、無意識の判断に流されることがなくなります。逆に、「自分理念」がなければ、場の空気に流されてしまって、不本意な状態にストレスを募らせたり、無意識のうちに自己保身をベースにした利己的な判断軸に流されたりしやすい状態のままでしょう。


世の中は不思議なことに、「自分さえよければいい」と思えば思うほど、生きることが難しくなるようにできています。

反対に、「人や社会の役に立つ」ことを目指せば目指すほど、生きることが充実して楽しくなってくるようです。仕事で大変なこともあれども、それを乗り越えることで働きがいや充実感を感じるから、さらによりよく生きようというモチベーションも自然と湧いてくる。だから、仕事が楽しくなる。おもしろいものだと思います（この辺りのメカニズムも本書ではわかりやすく紐解いていきます）。

会社において、生き方・考え方を社員全員が意識して仕事ができるようにと掲げたものが、「企業理念」です。

そして、私は**「企業理念」と同じように、個人においても「自分理念」を持つことが求められている**、と発信しています。

それは、人間の本質とは、「自分や大切な人の幸せに向けて、自発的に生きること」だと思うからです。

どんなに時代が変化しても、この人間の本質は変わることはないと思います。

だから、自己保身に無意識に流されて、結果的に自分や大切な人の幸せから遠ざかっていかないように「自分理念」をつくる、決める。そして日々の判断軸にしていこう、という考え方を提唱しているのです。

1.8 「自分理念」と「企業理念」の方向性は本来必ず揃うもの

「企業理念」に共感することは大切だと言われていますが、共感するかしないかは本来働く人が最終的に決めるべきことです。無理に共感を求めても、「やらされ感」が募るだけではないでしょうか。

「企業理念」の目的である「社員の幸せ」や「社会貢献」という価値観と重なる部分が「自分理念」の中にない状態では、本音・本心では共感するはずはないのです。

なので可能な限り、「企業理念」の本当の意味するところを先輩たちの仕事ぶりや経営者の話から理解して、「自分理念」と重なるところがあるから入社を決める、というプロセスが本来はベターなのです。

とはいえ、現実的には、そのような採用プロセスを経ることなく入社する方もいることでしょうし、入社する前にはこのような「自分理念」という発想を持つきっかけもない、という方もいるでしょう。だから、自分で選んだ会社であってもその判断基準は「企業理念」ではなく、単に待遇条件面だけ、というケースもあるでしょう。

その場合、実際に職場で働き始めて大変なことが起きた時、「企業理念」の本来の意味を理解することなく不満を感じ、「やらされ感」で仕事をしている、ということが多くなるのが現実です。

それでも、**「企業理念の本当に意味するところを理解する努力」は、今からでも始めましょう**、と説いています。

そして、自分や大切な人の幸せに向けて、本当に大切にすべきことを「自分理念」に掲げて大切にする努力。これも同時進行でできるところからでも始めることで、「企業理念」と「自分理念」の重なる部分を発見できれば、両者の矛盾は解消され、方向性は次第に揃うものだと思います。

自分の中で努力して両者の矛盾を解消して、「やらされ感」のような仕事観からは早く脱却してほしいと願っています。

働く目的が、お金も1つであってもよいのですが、多くの人はそれだけが「全ての目的」ではないと思います。なぜならば、**本質的には、お金は目的ではなく、何かのための「手段」**ではないか、と思うからです。

お金や給料をもらう、ということは生活のためにはもちろん大切です。しかし、それ以外にも自分自身の働く目的を見出して、輝いて、幸せに働いている人が世の中にはたくさんいることもまた事実です。

そして、企業経営者も、働く社員には、「働くことで、幸せになってほしい」、そして、「お金のためだけに働くような仕事観からは脱却してほしい」と本気で願っています。少なくとも私は、経営コンサルティングの仕事を通じて、本気でそう願って経営している企業経営者に多く出会ってきました。

企業経営の「新機軸」

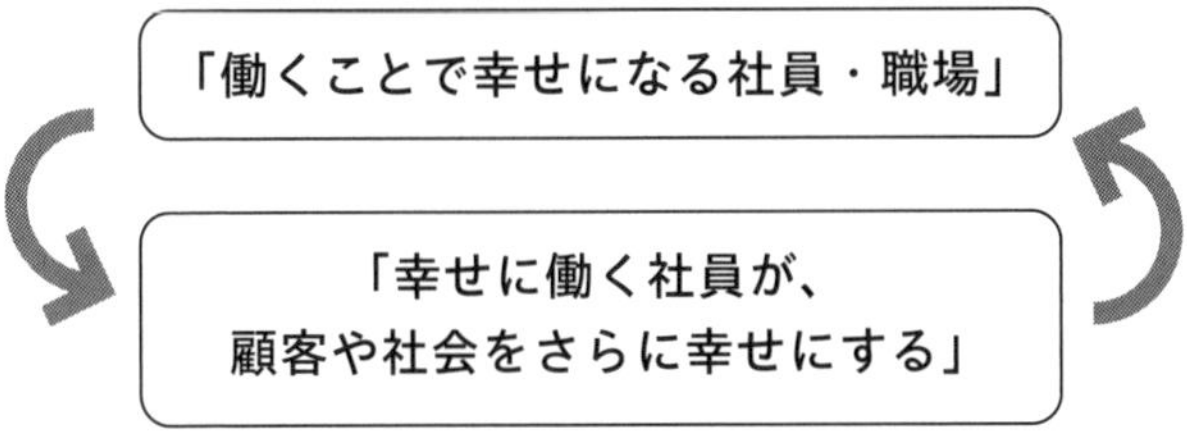
「働くことで幸せになる社員・職場」
「幸せに働く社員が、
顧客や社会をさらに幸せにする」

…このような経営を目指す企業が増えている。

もちろん、企業経営者とて人間ですし、人間がやることですから、さまざまな葛藤はあります。しかし、「働くことで幸せになる社員」がいる職場を目指している企業は間違いなく増加しています。

なぜならば、そのような職場で仕事をする中で、**「幸せに働く社員が、顧客や社会をさらに幸せにする」ことで、さらに働く社員が物心両面の幸せを得る、という企業経営の目的に時代はシフトしている**からです。

だから私は、「自分理念」の方向性と、「企業理念」の方向性は、本来は必ず揃うものだと信じています。私は、**企業経営の目的とは、売上**

や利益ではなく、「そこで働く人が幸せになること」だと思うからです。

不安定な現代社会の中で、企業経営もその本質を見据えて変化を遂げつつあります。だからこそ、**そこで働く我々も「自分理念」を持ち、無意識の「安楽の欲求」に流されずに生きていくことはますます重要になってくるはず**です。

先ほどお話しした、よくある仕事の悩みについても、「自分理念」があれば、自分で判断することができますから、問題にならないということをお伝えしました。ですので、まずは「自分理念」をつくることから始めていけば、仕事も人生もうまくいくようになります。

そんな「自分理念」について、次章以降でもっと深くお伝えしていきたいと思います。

第2章

「自分理念」って何？

2.1 「自分理念」を文字にしてみる

さて、第1章では、「自分理念」がなぜ必要であるかということについて、お伝えしてきました。

「自分理念」があれば、「自分理念」に沿って思考し、「自分理念」に沿った行動を起こし、「自分理念」を体現していく人生を送ることができます。

それは、**自分の生きたい人生、自分の大切なものを一番大切にできる人生とも言える**でしょう。それこそが、あなただけの「自分らしい人生」です。

若い頃の私は、大切なことを大切にする、という価値観とは無縁で、目の前の困難や壁にばかり気を取られ、そこに自分のリソースのほとんどを割いていました。

もし、当時の私が「自分理念」を持っていたら、目の前の困難や壁にとらわれることなく、その先にあるビジョンやゴールをしっかりと見据え、日々の行動の選択にも、迷わず進んでいくことができたのではないかと思います。

「自分理念」とは、「自分の生きる方向性」とも言えます。

社会人として、今やっている仕事を続けていった先に、

「どんなことができるようになりたいか」
「どんな結果を出したいか」
「どんなものを得たいか」

などを具体的にイメージしてみると、その先に、

「どんな自分になりたいか」

という、自分の理想像が思い浮かんでくるのではないでしょうか。

それができれば、あとは理想像に近づくために、自分は今どうすればいいのかと、自分のものさしに照らして判断していけばいいのですから、判断軸も定まります。

そして、そこからは、**人生において何を大切にしていくのかという価値観も、自然と見えてくるでしょう。それを私は「自分理念」の中の「生きる目的」＝「人生観」**と表現しています。

その人生観に基づいて、**日々の仕事を通じて社会や世の中にどう役立っていくのか、何を実現したいのかを表現したものが「志」、つまり「ミッション」**となります。

加えて、**それを未来にまで視野を広げ、将来的に実現したい世界や理想像とは何か、というところまで表現したものが「ビジョン」**です。

これらを文字にして紙に書き出してみると、それが「自分理念」になります。

自分理念（生きる目的・ミッション・ビジョン）

【生きる目的】：人生観

人生を生きる上での自分の方針、「生き方」
仕事を含む日々の出来事の選択の判断基準

【ミッション】：仕事観・志

社会にどのような価値を創造し、社会や人の役に立つか
仕事を通じた社会や人に対する役立ち方、憶えられ方

【ビジョン】：実現したい世界・理想像

ミッションや志を果たそうとする日々の挑戦、その先にある
将来自分が実現したい世界、（自分自身の）理想像

私は、「自分理念」をよりイメージしやすいものにするために、このような3つの要素で構成して、表現しています。

例えば、私の「自分理念」は次のようなものです。

【私の生きる目的（人生観）】
感謝とともに情熱に溢れた人生を追求する

【私のミッション（仕事観・志）】
笑顔の溢れる職場をつくる

【私のビジョン（実現したい世界・理想像）】
「仕事が楽しい」が当たり前の世の中にする

紙に書き出すということには、浮かんでは流れていってしまいがちな思考に形を与え、いつでも客観的に見ることができる、という効果があります。

また、書き出した「自分理念」を、常に見えるところに貼り出して眺めるということも、意識する時間が物理的に増えて、考え方や行動の習慣を変えていくのに非常に効果的ですので、ぜひ実践してみてほしいと思います。

2.2 「企業理念」があるように、個人にも理念が必要な時代

会社に「企業理念」があるように、私たち1人1人も「自分理念」＝「自分ものさし」を持つ時代だとお伝えしました。

「企業理念」とは、会社が目指す在り方のことです。ミッション・ビジョン・バリューなどとよく言われますが、

「会社は何のためにあるのか」
「どんな価値を社会に提供するために存在するのか」

といった会社の根源的な存在理由であり、それを全社員が共有し、共通の思いでビ

ジネスを行っている状態が理想です。

会社のこうした根っこの部分の理念が社員全員に浸透していれば、その会社のビジネスにおいて軸がブレることは少なくなり、ベクトルが揃いやすくなります。

逆に言えば、その軸となるものがないと、社員各自がバラバラの判断軸に沿って行動しますから、ベクトルは揃いにくい状態で、1つの目標に向かってまっすぐに進んでいくことは難しいと言えるでしょう。

どちらが生産性が高まるか……言うまでもなく、理念が浸透している会社ですよね。

これと同じように、**私たち1人1人も、軸となる理念がない状態だと、さまざまな判断軸がブレて、容易には進んでいけなくなります**。

まして、「VUCAの時代」と言われる、予測不能な現代社会においては、これまで以上に、自分の軸、つまり「自分理念」をしっかりと持っている必要性があるでしょう。

加えて、既存の価値観が激しく変化していく中、今まで当たり前だったことが通用しない時代です。現代を生きる我々には、そんな時代の中にあっても、創造性や生産性を高め、独自の新しい価値を生み出すことが求められています。

そのためにも、「自分理念」を持つことはとても重要になってきます。

しかしながら、「自分理念」のような自分自身の根源に関わる内容を、短い言葉にまとめて文字にするという作業は、確かに一朝一夕にできるような簡単なことではありません。

私がご支援している企業では、「自分理念」をつくるのに概ね数ヶ月、しっかり落とし込むのに半年から1年くらいの時間をかけています。

「自分理念」は、つくって終わりではなくて、常に考え、意識して、実践に落とし込んでいくものです。ですからその過程で、時には修正したり、追記したりすることも必要になるでしょう。

しかし、**そうやって時間をかけて、「自分理念」づくりに取り組むというプロセスを通してこそ、自分自身と仕事について、これまで以上に深く捉えていくことができるようになる**のです。


例えば、あなたがやっている仕事がうまくいかない時、仕事の中身にだけ期待をしていると、うまくいかない理由を、「仕事のせい」にしてしまうかもしれません。

「この仕事は、少子高齢化で難しいんだ」「斜陽産業だから仕方がない」。

このように考えて、そこで思考停止してしまうようなものです。

しかし、そのように考えていると、いつも不満や不安はなくならず、被害者意識が募って、ストレスも消えることはありません。


しかし、「自分理念」をつくっていく過程で、仕事というものの捉え方が変化していくと、**仕事の中身がどうなのか？ ということに着眼するのではなく、それよりも、その仕事をしている「自分自身に期待する」という見方ができるようになります。**

それはつまり、自分自身の仕事に取り組む「姿勢」に期待するものを変える、という発想ができるようになってくるのです。

そうしたら、**仕事の可能性は全て自分次第**だということに、ふと気づいたりします。肩書きにとらわれる必要もなくなります。今の時代、「今までこうだったから」という正解はないし、働き方も選べます。副業だってできるし、人とつながって何だってできるのですから。

つまり、**「自分自身に期待すると、自分次第で楽しい仕事にできる」**。このような自由な発想で、可能性に挑んでいくことが次第にできるようになっていきます。

そして、仕事を単に「給料のためのもの」と捉えるような短絡的な思考から脱却し、人生が進む方向の中のキャリアであり、それを通じて世の中の役に立ち志も果たせるもの、という視点で、仕事を捉え直すことができるようになっていくのだと思います。

2.3 「自分理念」をつくると、ブレずに一目置かれる存在になる

めまぐるしく変化する予測不能な現代社会においては、これまでの既存の価値観や判断基準が役に立たなくなるということを、前項でお伝えしました。

以前であれば、当然こうあるべきという常識や、これに従っておけば間違いがないというマニュアル、進むべき方向を示すコンパスのようなものがあって、それに沿って進んでいけばよかったのかもしれません。

しかし、VUCAの時代にあって、今までの常識が通用しなくなるこれからの社会では、**進むべき道は自分で見つけ、自分の力で切り開いていくしかありません。**

ですが、これを逆に考えてみれば、全て自分で発想して、自分の頭で考え、自分で決めていけばよいという話ですから、非常にシンプルだと思います。私は、「自分で決めていける方が仕事も人生もおもしろそう」だと思っていますが、皆さんはどうでしょうか。

ただここで1つ注意したいのは、**そうして自分で決めて実行したことが、たとえうまくいかなかったとしても、言い訳をしたり、他人のせいにしたりして、自己正当化しては「道を自分の力で切り開くには至らない」**ということです。

自分自身の人生ですから、たとえどんな状態であったとしても、本人の「意志あるところにしか、道は開けない」わけですし、その道を行くも行かぬも、もちろん自由です。そして、自分の意志で決めたのならば、そこには当然責任が伴います。

こんなことは当たり前の話なのですが、その責任の自覚がない人も案外多いのかもしれない、と感じています。他責にして言い訳をしている人の場合、自由に伴う責任がぼやけていくのではないかと思います。

そういう場合、「自分理念」があると、ただなんとなく生きている、なんとなく仕事をしている、という状態を抜け出すことができます。

そして、自分はこのために生きている、このために働いている、という明確な方向があるので、全ての行動に判断軸が生まれます。

そうなると、日々の行動にブレがなくなり、周りから信頼されるようになります。

信頼される人は、周囲に与える影響力が強いので、知らず知らずのうちにリーダーシップを発揮し、チームの中で一目置かれる存在になっていく場合が多いものです。

例えば、ある企業で新しく管理者になる若手社員から、こんな相談を受けました。

「これから、メンバーが自発的にビジョンに向かうような組織構築を目指すには、リーダーの第一歩は、どこから始めるのがよいでしょうか?」

リーダーの第一歩は、「部下にリーダーシップを発揮する」とか「正しい戦略を示す」

といったことがよく言われるのですが、私の場合、そのような相談には「まずは自分理念をつくることから始めてみる」という方法をお伝えしています。

・そもそも自分は、何のためにこの会社で働いているのか？
・自分の志とは何か
（※志とは、仕事を通じた社会や人に対する役立ち方、を指す）
・自分は、どんな人生を生きたいか、どんな自分の理想の姿を目指すか

主に、これらを文字にすることで、「私にはこういう自分の理想像があって、自分の志はこのようなものなので、この仕事で、この会社で、実現できると感じる。だからここで働いている」という理由が自分の中に明確にある状態を目指しましょう、ということです。

つまり、**「自分理念と企業理念の方向が揃っており、働くことが、会社のためにもなり、自分のためにもなる」**ということに矛盾がない状態を、**自分で突き詰めて考え**

るということなのです。

ただ、上司や管理者であっても、そこまで突き詰めて考えない人もいます。その場合は、部下やメンバーの「この会社で働く理由」などの悩みにも本質的には応えられないでしょう。

例えば、部下やメンバーが「やめたい」という相談に乗ることはできても、相手の気持ちを聞きながら、自分の「軸」を伝えたりして、本当に相手の人生にとっての最良の方向性を一緒に考える、といった「本質的な相談」には乗ることができません。

つまり、そのような状態だと、部下やメンバーにも特に影響を与えられないので、そのレベルの管理者が上司である限り、組織のベクトルもなかなか揃いにくくなる、というわけです。

ただし、このようなリーダーシップが必要なのは、何も上司や管理職だけではありません。ここでいう自分自身の軸である「自分理念」をつくっておけば、誰であってもブレることが少なくなります。

「自分理念」があると、年齢や役職に関係なく、決断力や行動力が発揮されます。結果的にそのような人には、周りからの信頼や期待が集まり、メンバーからも一目置かれ、大切にされる存在になります。

しかもそういう人は、無理にリーダーシップを発揮しよう、として頑張っているわけでもなく、「自分理念」に沿って、ただ自然体で行動しているので、本人にも無理がありません。

もし、そういった人が組織に複数いれば、お互いに良い影響を与えあい、プラスの作用を発揮しあう状態になります。その状態が、実は最も生産性が高く、創造性も豊かな状態ですから、組織や会社全体の業績も上がり、プラスのサイクルが生まれるでしょう。

周囲に良い影響を与え、一目置かれる存在の人になるためにも、「自分理念」をつくることをおすすめします。

2.4 自分自身の「ミッション」を見つける——あなたが掲げる旗印

「自分理念」の中で大切な3つの要素には、「生きる目的」、「ミッション」、そして「ビジョン」があります。

「生きる目的」は全体に関わる概念なので第4章で詳しくお伝えすることとし、ここでは、「ミッション」と「ビジョン」についてお伝えしたいと思います。

自分自身の**「ミッション」というのは、仕事を通じた社会や人に対する役立ち方、つまり「志」**という意味で用いています。これらは言ってみればあなたの仕事に対する考え方に含まれるもの。仕事に対する考え方のことを、私は広い意味で「仕事観」という言葉で表現しています。

「自分は何のために、なぜ、働いているのか」
「なぜ自分は、この仕事をするのか」

という問いに対する答えが、あなたの「志」、そして「仕事観」を表していると言っていいでしょう。

こうした問いを投げかけると、ほとんどの方が真っ先に、

「お金のため、生活のため」

という答えを思い浮かべるのではないかと思います。

しかしこの問いを、一度じっくり掘り下げて考えてみてほしいのです。

誰しも生活がありますから、「お金のために働く」のは当然のことです。

しかし、この当然だという固定概念を取りはらって、**「お金」以外の働く理由について、自分の心の深いところにスポットを当てて、考えてみてほしい**のです。

時間をかけて、突き詰めていってみると、たいていは1つ、2つと、何か理由が出てきます。例えば、商品を売ってお客さんが喜んでくれた時に、自分もとても嬉しかった、という経験から、

「お客さんの笑顔を見るために働く」

という答えを導き出したなら、それも立派な「働く理由」であり、あなたの「志」、そして「仕事観」と呼べるでしょう。

私が以前に研修でお話を聞いた20代の方は、研修で学ぶ前は「働くことは、稼ぐこと。お金を稼ぐために、営業として売ることが仕事だ」というふうに考えていたそうです。

しかし、**「売る」ということを、単に「自分の給料のために、売る」という意味合いだけで捉えるのはとても浅い考え方だ**、ということに気づきました。

そして、「そもそも、何のために働くんだろう」といったことや、「そもそも、何の

ために生きるのか」といった深いテーマから、人生観や仕事観を掘り下げていくように変化していきました。

こうして自分の働く理由、すなわち仕事観を考えていった結果、**これまで仕事の目的だと思っていたお金が、ただの結果であることに気づき、結果だけしか見ないような仕事観を変えていこうと思った**そうです。

仕事を、お金を得るための手段としてではなく、本質的な意味で捉えることができた結果、それまで目的だと思っていたお金、業績、売上ノルマなどといったものが、全て「結果」に過ぎないということに気づくことができたのだと思います。

仕事をする上で一番大切なのは、「なぜ自分はこの仕事をするのか」の「なぜ」の部分です。なぜなら、この「なぜ」が自分の中のエンジンとなって、自分を動かしていくからです。

そして、**自分の中のエンジンを回して、自発的に仕事をしている人がいると、周りの人も動かされるようになります**。そうなれば、チームや組織にも良い影響を与え、生産性も高まり、組織全体の仕事もうまく回っていくようになるのです。

とはいえ、正直なところ、「自分の人生や生きることに向きあうのって、なんかキツイなあ……」とも思ってしまいますよね？

皆さん、最初はそうおっしゃるんですが、難しく考えることは一切ありません。

ここでは、簡単にできる1つのワークをご紹介します。

白紙を1枚用意します。「私はこのために仕事をする」というテーマを、紙の真ん中に丸で囲んで大きく書いたら、**その周りに、自由に、仕事や人生で大切にしていること、好きな言葉やキーワードを、ふせんに書いて貼り出してみてください。**

もちろん、お金のため、給料のため、と書いてもOKです。でも、それ以外にもまだ書き込める空白はありますよね。

書き始めてみると、意外に楽しい、と皆さんおっしゃいます。

紙に書くと、自分の頭の中にある状態とは違って客観視できるので、意外な発見があったりします。職場の仲間と一緒にワイワイやって、他の人の書いたものを見ることでも、発想が広がります。

人生に向きあうワーク

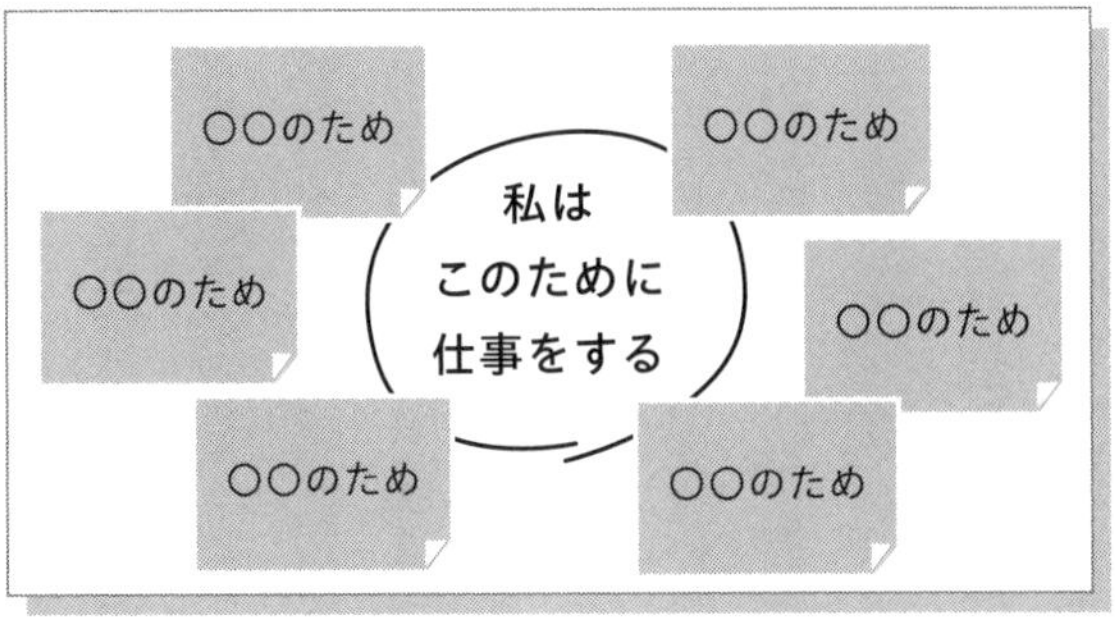

そしてその中で、**これだと思うキーワードから、今世の中で起きていること、今社会で課題となっていることと関連付けて、掘り下げて考えていきます。**「こう変えていけるかも？」「こう変えていきたいな」「こう変えるぞ！」という、仕事を通じた「自分なりの役立ち方」を見つけていく感覚です。

お金のためだけではない、「何のために」を発見できたら、あなたが大切に思うテーマは、あなたの仕事や人生にとって何らかの意味を持つはずです。

そして、**そのテーマはあなたが掲げる「旗印」のようなもの。**「自分理念」の大切な構成要素となります。そんな「旗印」を掲げて、仕事や人生に向かっていってほしいと思っています。

2.5 ワクワクする「ビジョン」を持とう

次に、「ビジョン」についてお伝えします。

「ビジョン」とは、「将来の姿」のことです。

「将来、自分自身がどうなりたいか」
「未来の自分はどんな状態を実現していたいか」

この時、その将来像が、現在とはかけ離れていたり、実際には実現の可能性が低いように感じたりしたとしても、それはまったく関係がありません。

ただ1つだけ大切な要素は、

「そのビジョンは、あなたをワクワクさせるかどうか」

　ということです。

「そのビジョンを想像するとワクワクするかどうか」
「そのビジョンを持つことが誇りに感じられるかどうか」
「そのビジョンの内容が、夢を持てるものであるかどうか」

　理由はシンプルで、ワクワクしてあなたの心が動かないならば、そこに向かおうという自分の中のエンジンが回らないからです。
　それだけに気をつけて、あなたの将来の姿をイメージしてみてください。

　ワクワクするような将来像を描くことができたら、そこで一度現在の自分を振り返ってみましょう。

ビジョンとは、「将来像と現在とのギャップ」を示すものでもあります。

将来像と、現在の自分の姿との間のギャップが大きいとすれば、そこには大きな成長が必要になります。

ビジョンを実現させるためには、どんな努力をどのぐらいしていけばよいのか。

そのギャップを克服するための成長の必要性を意識したり、考えたりするきっかけになるのが、ビジョンを持つことの大きな役割の1つです。

次に、あなたが会社など何らかの法人組織に所属している場合は、あなたのビジョンと、あなたの所属している組織のビジョンとの「重なっているところ」を考えてみましょう。

ところであなたは、所属している会社の「企業理念」やビジョンを知っているでしょうか。本来は、入社前にホームページなどで「企業理念」やビジョンを確認し、「自分理念」との間に共通項があるかどうかを見定めてから入社するのがベストです。

しかし、そもそも現代の学校教育では、こうした「理念」という概念について学ぶ機会はほとんどありませんから、学生時代から「自分理念」を持ち、就職活動時に、自分と企業の理念の方向性が揃っているか、重なっているところがあるかどうかを確認するという機会に恵まれることは、ほぼないと言っていいでしょう。

もし、「企業理念」と「自分理念」との間に重なるところがない場合は、あなたにとっても会社にとっても、将来的に進みたい方向が異なるので、さまざまな問題が発生してしまう可能性があります。極端な場合には、転職も考えられるかもしれません。

しかし、多くの場合は、

「なぜ、会社はこの事業を行おうとしているのか」
「なぜ、会社はこんなビジョンを目指そうとしているのか」
「そして、それが、社員のどんな幸せにつながっていくのか」

という経営の目指しているストーリーが知られていなかったり、理解されていなかったりすることが原因ですので、そのビジョンや理念のストーリーを社員が理解できるよう伝える試みが、組織的には必要になってきます。

また、何らかの法人組織に所属している場合は、個人が法人組織の理念を理解する努力をしなくてはなりません。

そして、正しく理解するには、個人の視点からだけではなく、経営やマネジメントの視点で仕事を見ることができるよう、最低限の知識を身につける必要があることも覚えておきましょう。

2.6 「自分理念」を持つ人材が、職場で活躍して成果を出す理由

「自分理念」を持ち、働いている会社の「企業理念」と重なる部分を見出す。

その、日々の仕事の中に、自分の人生で目指しているものを見出して働く。

そのような状態に自らを置くことができると、実は、仕事でも成果を出せる自分になっていきます。それはなぜなのでしょうか？ ここでは、その理由を考えてみたいと思います。


あなたが仕事をしている会社においては、「高い価値を生み出すことが経営にとって重要」だと、多くの経営者は考えています。

では、その高い価値を生み出すには、何が必要でしょうか？

もちろん、技術の進歩、発展など、さまざまな要素が考えられますが、その要素を最終的に扱っているのは、実は「人」。

つまり、**人間の持つ力を発揮して、人同士がつながり、「高い価値を生み出すことが経営にとって重要」**だと、世界の多くの企業は考えるようになり、人間の持つ可能性を引き出す、ということに着眼した研究が世界中でなされてきました。

では、人間の持つ力を引き出すには、どんな要素が必要なのか？

そこでは常に、次の「2つの方向性」が議論されてきました。

1・外発的動機

2・内発的動機

外発的動機とは、わかりやすく言うと「飴と鞭」。自分以外からもたらされる動機付け、と考えてください。「給料をもらえるから、働く」「減給されたくないから、ノルマを果たす」といったものは全て外発的動機に分類されます。

「指示命令の通りに働いて、給料をもらおう」という動機ですから、外からのメリットがなければ、特にやる理由がなく、行動がトーンダウンする傾向があります。

つまり、「指示命令がなければ、仕事は自らはやらない」し、「給料がもらえないなら、自分からはやらない」という状態にもなりやすい、という特徴があります。


それに対して、**内発的動機とは、「自らやりたいこと」。自分の内側からもたらされる動機付け、と考えてください。**自分の内側から湧き上がってくる「やる理由」がある状態です。

指示命令や給料があろうがなかろうが、とにかくそれをやりたい、実現したい、やり遂げたい、といった内燃式エンジンが回り続けるというイメージです。だから、「放っておいてもやる」という特徴があります。


この2種類の動機付けを幾重にも重ねて、人間は自分自身を動機付けている、とここでは理解してください。

そして、外発的動機：内発的動機の比率は人によって違います。

外発８：内発２の人もいれば、外発３：内発７の人もいる、ということです。

ではここでちょっと考えてみてください。

外発的動機の比率と、内発的動機の比率、どちらが高い方がより仕事の生産性が高そうですか？

おそらく、ほとんどの人が「それは当然、内発的動機の方でしょう？　だって指示なしでも自ら動くんだから」と言うでしょう。はい、その通りです。

なぜならば、**人が「指示なしで、自発的に仕事に向かう状態」が、最も生産性の高い状態**だからです。

だから、現代の企業経営においては、「人が自発的に仕事に向かい、日々が楽しく充実し、仕事が価値を生み、お客様からも感謝される。そして結果的に、報酬も得られる」……いかにその状態に近づけるか？　ということがとても大切になります。

生産性を高めるためには、内発的動機で人間の持つ本当の力を発揮する必要があるということが、企業経営やマネジメントの世界における長年の研究の結果、明らかにされているのです。

私自身は企業支援の中で、「自走式組織®」という考え方を提唱しています。

それは簡単に言うと、「社長や上司から指示がなくても、自発的にビジョンに向かう」ような組織形態のこと。そのような自走式組織®のベースを形成するのは、内発的動機の比率が高い「自立型」の人材です。

そして、働く人の内発的動機の比率を高めていくためには、さまざまな方法があるのですが、私はシンプルに、**まずは職場で「人間本来の姿に近づける」取り組みや工夫が不可欠だ**、と提唱しています。

では、その**「人間本来の姿」とは何かと言うと、「（自分やご家族など大切な人の）幸せに向けて、自発的に生きること」**なのではないでしょうか。

そしてこの、「幸せを求める、人間本来の姿」に職場でも近づけることが内発的動機の比率を高め、自走式組織®にしていく、最も基本的な考え方になります。

つまり、**「働くことで幸せになる社員・そういう社員がたくさんいる職場」をつくると生産性が最大になる**ということです。

実は、それは研究結果でも裏付けられています。

ハーバードビジネスレビューという、世界中の経営の研究者や、経営やマネジメントに関わる人が読む論文集では、「幸せに働く人は、そうでない人に比べて、創造性は3倍、生産性は31％アップ、売上は37％アップする」と結論付けられています。

つまり、「創造性が3倍、生産性も3割増し、個人の売上実績は4割増し」という結果になるから、**企業経営者も社員の幸せや、働くことでの幸せ、という概念を無視できなくなってきている**のです。

この数字の結果は、私自身の経営現場の感覚としても、違和感はありません。

幸福感とパフォーマンスの関係

創造性 生産性

幸福感の高い社員の
創造性は3倍、生産性は31%、
売上は37%高い
(リュボミルスキー、キング、ディーナー)

欠勤率 離職率

幸福度が高い従業員は
欠勤率が低く［George,1989］、
離職率が低い［Donovan,2000］、

ハーバードビジネスレビュー2012年5月号「幸福の戦略」P62～63

企業には活躍している人材が必ずいます。

例えば、営業実績ナンバーワンの人材が、平均の1・・5倍～2倍程度の売上をつくっていることは普通にあります。

つまり、売上実績においても、37%アップどころか2倍になっているケースは普通に起こっています。

そして、そういう人材はみんな周りから信頼され、顧客からも引っ張りだこで、本当に幸せそうに働いています。

その理由は、**「企業理念」と「自分理念」の方向性に矛盾がないから**です。

つまり、**仕事を頑張ることが、自分の**

人生をよりよくすることとイコールになっているからです。だから、仕事を頑張って、働くことで、職場で幸せになる実感を得られるのです。

そして、そういう人材は職場でも一目置かれて、信頼・尊敬されている存在であることがほとんどです。

企業経営の現場から見ると、この研究結果はとてもうなずけるのです。

これが、あなたが「自分理念」を持つと、仕事でも成果を出せるようになる理由です。

「自分理念」を持ち、働いている会社の「企業理念」と重なる部分を見出す。

その、日々の仕事の中に、自分の人生で目指しているものを見出して働く。

このような状態に、自らを置くことができると、あなたは確実に仕事でも成果を出せる自分に近づいていきます。

第3章

「自分理念」を持つメリットって何？

3.1 他責から自責へ——仕事が楽しくなる仕組み

「あなたは、この仕事が楽しいですか？」

この問いに対する反応で、その人の現在の仕事の捉え方を、おおよそのところ認識することができます。

「仕事が楽しい」と感じている人ほど、仕事において、気持ちが外に向かい、貢献意欲が高い状態になっています。

そういう人がいるチームは、チームワークが機能して、組織全体の生産性も自然とよくなる可能性が高まります。

一方で、**「仕事が楽しくない」と感じている人ほど、気持ちが内に向かい、自己保身の気持ちが強く働いてしまいます。**

満たされないと不満が高まり、無意識のうちに、うまくいかないことを周囲のせいにする他責の意識が高まります。

すると、社内でもチームワークが機能せず、生産性も低くなっていきます。

組織が目指しているものが不明確だったり、数字ばかりを追いかけていたりすると、仕事や職場は楽しいものから離れていきます。

加えて、自分自身の目指しているところが不明確である場合、判断基準が全て自己保身に傾いてしまうので、仕事を楽しむどころか、常に自分の利益を守ろうとして、些細なことが気になり疲れてしまいます。

ところが、「自分理念」を持っていると、自身の生き方のビジョンを描き、そこに対してブレずに向かっていくことができるので、疲弊することなく、仕事を楽しむことができます。
関係のないものにエネルギーを使うことも減りますから、生産性も上がり、成果も出しやすくなります。

もしチームに同じように**「自分理念」を持って、そこに共感する人が増えてくれば、そこで一体感や連帯感も醸成され、みんなと一緒に目標に向かっている時間や、何かをともにつくっているという感覚が楽しいものになります。**

このように感じることで、職場に笑顔が増え、幸せを感じる時間が多くなるのです。

「自分理念」をつくって、他責から自責に姿勢を変える際の大切な観点は、

「(誰かに)仕事や職場を楽しくしてほしいのか」
「(自分が)仕事や職場を楽しくするのか」

このどちらの姿勢がベースにあるかという点です。

例えば、

「仕事なんて、楽しくないし、大変なことばかり」
「楽しくしたいなら、社長が変わるべきだ」
「上司が変わるべきだ、周囲の誰かが変わるべきだ」
「お客様が変わるべきだ」

などと、**自分以外の誰かに、仕事を「楽しいものにしてほしい」という姿勢だと、なかなか仕事は楽しくはならない**でしょう。

自分以外の誰かが思い通りに動いてくれるなんて、そんな虫のいいことは現実には起きません。

よく、「最近、何かおもしろいことない？」と聞いてくる人っていませんか？

でも、それって、自分におもしろいことが起きなくて、つまらないということの裏返しだったりします。

つまり、自分発で「おもしろくしよう、楽しくしよう」という姿勢が欠けているのです。何かおもしろいこと、楽しいことがあれば乗っかろうとしていますから、つまらなそうな表情をしているものです。

だから、他人や周囲にばかり期待して、不満が募りやすくなり、仕事が楽しくなくなる、という状態です。

自分自身が明確な「自分理念」を持ち、自分の進むべき道を自分の意志で切り開いていけたとき、仕事はどんどん楽しくなっていきます。

他責の考え方が、無意識に習慣になっている人が多いのですが、これを変えるだけでも、仕事は楽しくなっていくことでしょう。

あなたは、仕事や日常生活の中で、ふと他責にして誤魔化していることってありませんか？

3.2 楽しもうとするほど人生は充実し楽しくなる

私自身、コンサルティングファームに勤めていた頃、まさに他責にして誤魔化していた結果、困難な壁にぶち当たった、という実体験があります。

コンサルタントの仕事では、さまざまな経験をしましたが、中でも痛感したのは、**人は理論では動かない**、ということでした。

私は、入社当初は経営のことはまったくわからない状態でしたから、新人として、とにかく「経営に関わる知識」を必死で身につけようと、寝る間を惜しんで本を読んだり先輩コンサルから学んだりしていました。

私はもともと、人と議論したり、感情的にぶつかり合ったりすることが苦手で、それをなるべく避けたいという意識がありました。だから、経営理論を身につけて「理論理屈で正解を主張して、人を動かした方が楽だ」と思っていたのです。

しかし、**実際には、経営理論だけでは人は動かなかった**のです。

それでも、計画通りに動かしていかなければ業績は改善しませんから、「やらない人は評価を下げるぞ」というように「管理」を強化することになりました。しかしながら、強化するほどに、現場の人の心は離れていきます。このような状況では、当然うまくいくはずもありません。恥ずかしい話ですが、業績改善ができなかったケースもありました。

そんな自分自身でしたから、やがて支社長に抜擢はされたものの、自分の支社のマネジメントも、やはり理論理屈で「正しさ」を押しつけて「管理」する姿勢でした。当然、こちらもうまくいくはずがなく……結局支社長も「降格」となってしまったわけです。

そして私は、コンサルタントをやめようと思いました。「自分には向いていない」と。悔しさもありましたが、それはつまり**「他責」にして「自己正当化」をして逃げようとしていた**のです。

しかし、その時に転機が訪れます。

ある先輩が私に「お前、やめようと思っているんだろう？」と言ったのです。まさに図星です。私はその時、もはや開き直って、「そうですよ、僕にはこの仕事は向いていないんですから」と言いました。

でも、その先輩はこう言ってくれました。

「お前は人のせいにして、結局、人から逃げようとしているだけだろう？」

「理論理屈はいいから、もっと人と向きあえ！」

実はなんとなく、私も気づいていたんです。**本当の原因は「人との感情的なぶつかり合い、軋轢から逃げたい自分自身の心にある」**ということを。でも、それから逃げていました。理論理屈で人が動いてくれた方が楽だからです。

その先輩は、「楽な方に逃げたい」という私の気持ちを見透かしていたのか、「お前は、コンサルの仕事は半分にしろ。後の半分は合宿研修の講師をやれ！」と、本気で提案をしてくれました。

そして、先輩の本気を感じた私は、そこから支社長降格になった自分を受け入れて、**合宿研修の講師として「人と向きあわざるを得ない状況」をつくることにした**のです。

その合宿研修は、「人間としてどう在るか」「人間としてどう生きるのか」といったことがテーマでしたから、一切の理論理屈は通用しません。その前に、まず自分という人間の在り方が試されるのです。

講師として講義を担当しながらも、実は「自分の未熟さ、至らなさ」を突きつけられる日々が待っていたのです。

これは、今まで変にプライドだけは高かった自分にとっては最も苦しい経験でした。一番苦手なことで、毎回、自分の無力さを突きつけられるのですから。

そして、受講生さんを教え導くような力もない自分を痛感しながらも、どこにも逃げ場はありません。受講生さんと人として正面から向きあいながら、実は「今まで楽な方に逃げていた自分」と向きあわざるを得ない日々を過ごすことになりました。

講師として受講生さんの前に立ちながらも、「自分はこの程度の人間なんだ」という現実を突きつけられる日々の中で、ある時**「楽な方に逃げようとしていた自分」を認め、それを隠すのではなくて、曝け出してみよう**、と思い至りました。

そうやって**弱い自分も自覚すると、不思議と「それでも、こんな人間に成長したい」という思いも素直に受講生さんに話していけることに気づいた**のです。

これは自分の内面に起きた、不思議な体験でした。

そして、そういう自分になって心を開いていくと、今まで頑なだった受講生さんでも、次第に共感してくれるようになっていきました。そして、「私も実はこういう自分になりたい」と、本当の思いを話してくれるようになっていったのです。

やがて、合宿研修を一緒に過ごす中で、受講生さんの成長に触れることが増えていきました。そして、研修の最後には、これからの自分の目標や、目指す人間像への決意を語ってくれる受講生さんの成長ぶりに、心から感動している自分がいました。

「こんな自分でも、この合宿を逃げずにやりきってよかった」。

一番辛いことを乗り越えたら、なんとこれが、今まで味わったことがない「楽しい経験」に変わっていたのです。

そこで経験して身をもって学んだことが、今の自分の糧になっています。

あの時、先輩のアドバイスからも逃げて、退職という「楽」な道を選択していたら、今の自分はありません。この、困難の先にある「感動」や本当の「楽しさ」を味わうことがないまま、まったく違う人生を歩んでいたと思います。

私はこのような実体験から、**「楽をしようとする自分」を常に自覚して、意識的に「困難を乗り越えた先にある、感動や充実感を得られる」道を選択しよう**、と思うように変わっていきました。

「楽をしようとするほど人生は難しくなり、楽しもうとするほど人生は充実し楽しくなる」

このような教訓を、身をもって学ぶことができました。

そしてこの教訓は、私の「自分理念」のベースとなっています。

楽をすることには、無意識に流されていくものです。しかし、困難を乗り越えて本当に「楽しむ」ためには、意識して取り組む努力が必要です。

そのことを教えてくれた先輩には、今でも心から感謝しています。

3.3

働く理由に矛盾がない状態をつくる

従来は、会社の「企業理念」に個人が合わせていく時代でした。「企業理念」の意味を個人がしっかりと咀嚼し、それに合わせて仕事をすることが求められていました。これは、企業経営においては確かに大切なことではあります。

しかし、**これからの社会では、個人が「企業理念」に合わせるのではなく、企業と個人双方が、それぞれの理念の方向を合わせていく、ということが大切にされなければならない**と考えています。

この図のように、2つの矢印が同じ方向を向いていることが、お互いに幸せに向かう状態であり、相乗効果を出すことのできる関係性だと言えるでしょう。

このプロセスが一番の土台をつくる

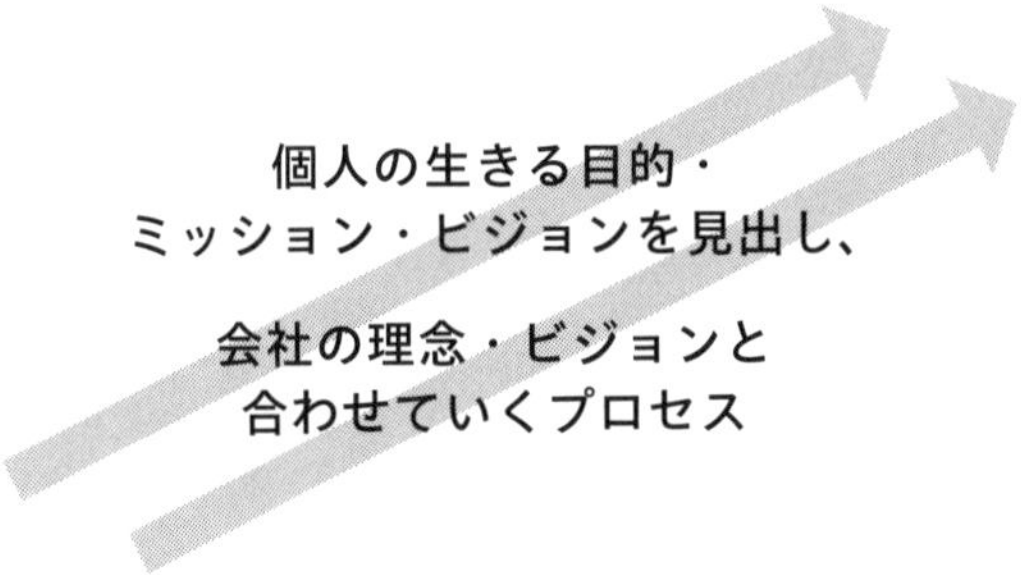
個人の生きる目的・
ミッション・ビジョンを見出し、
会社の理念・ビジョンと
合わせていくプロセス

あなたが「自分理念」をつくると、あなたの会社の「企業理念」との方向性が合っているか、2つの間に共通項があるかなどについて、客観視できますから、矢印の方向を具体的に検証できるようになります。

もし**方向性が合っていて、共通項を見出すことができれば、あなたはこれからもその会社で、自分らしく、そして主体的に働いていくことができる**でしょう。

しかし、もし、まったく方向性が合わない、少しも重なる部分がない場合は、無理に合わせようとするのも時間と機会の損失になりますから、早々に現在の会社を離れるという選択肢も考えられると思います。

現状では、私の経営現場を見てきた実感からすると、「自分理念」を明確に持っていない、もしくは考えたことがない、という方が大半で、企業と個人の理念の方向が重なっているかどうかもわからない、といったケースがほとんどかと思います。

そのような状態で、会社が社員を「企業理念」の方向に無理矢理動かそうとすると、「やらされ感」が募ることになります。

「自分理念」があり、「企業理念」とも方向性が合っている人は、日々、自分の人生を生きているという実感が強く湧き上がると思います。当然、朝起きて会社に行くことが億劫だ、といった状態にはなりにくくなります。

それは、**自分の仕事を日々頑張ることが、自分の人生をよりよくすることと矛盾がないから**です。

全てが「自分理念」の矢印の方向に沿って進んでいくので、やりがいがありますし、モチベーションも高い状態を保つことができます。

3.4 「自分理念」と「企業理念」の接点は「誰かのために」

しかし、前述の通り、かつての私も「自分理念」は持っていませんでした。そのような発想はなくて、とにかく自分の願望を実現することに（だけ）一生懸命に取り組むような生き方をしていたように思います。

だから、いつも自分のことばかりを考えて、相手の思いに気づくことなく、周囲には「わがまま、自分勝手」と映っていたのではないかと思います。

つまり、社会人になってからも自分中心にしか考えられないような人間でした。学生時代であれば、それでもまだよかったのですが、**社会に出たらやはり「自分中心」から「相手中心」にシフトしていかなければ、社会人とは呼べない**のではないかと思います。

なぜならば、学生時代なら、受験勉強などは自分1人でもできますが、社会に出てする「仕事」は、1人ではできないからです。そこには必ず相手が存在します。

社会人となって会社組織に属すると、一緒に働く仲間と協力して、良い仕事をしなければ価値を生まない仕組みになっています。

社内だけではなく、社外の協力業者様も相手ですし、お客様だって相手です。視野を広げれば「社会」だって相手なのです。

だからこそ、その**相手の気持ちを理解して、自ら働きかけて気持ちのよい人間関係がつくれるようにならなければ、とても社会人とは言えない**のではないでしょうか。

ジーンズメーカーで働いていた時も、コンサルティングファームで働いていた時も、その時々で確かに夢は持っていたのですが、今考えてみると、あれは自分中心の発想に過ぎなかったのだと思います。

なぜなら、全て「自分のためだけ」の夢だったからです。

自分のお店を持ちたい、とか、自分の会社を経営したい、とか。

全て自分が自由にしたいといった「利己的な願望」でした。

そこに自分以外の誰かのため、人や世の中、社会への貢献のためというような発想はありませんでした。


前項で、「企業理念と重なる部分を見出す」というお話をしましたが、「企業理念」には、概ねこの「社会貢献していくための事業」だという要素が中心にあります。

なぜならば、**人を幸せにしない事業は、そもそも社会から必要とされないため、事業として成立しないから**です。


個人に置き換えても、まったく同じことで、「人を幸せにしない夢は、誰からも応援されない」ということになります。

例えば、「世界旅行をしたい、豪邸に住みたい、高級外車に乗りたい」といった夢のようなものは、もちろん持つこと自体は自由なのですが、それを聞いた人は「ふ〜ん、勝手にやればいいじゃん」としか思わないでしょう。

それは、本来の夢とは違って「個人の願望」でしかないからです。

だから、自分の夢と会社の「企業理念」の接点を考えた時、もし、まったく方向性が合わない、少しも重なる部分がない……というようなことがあれば、先に**自分の夢が「誰かを幸せにするため」の夢なのか、それとも「個人の願望」レベルなのか、チェックしてみるといい**でしょう。

それには、「企業理念」の目指している社会貢献の意味を理解した上で、自分自身の「今の仕事を通じた夢」を考えてみる、という方法があります。

つまり、**「企業理念」に無理に合わせようとする、という視点ではなく、「企業理念」が本当に目指しているものを深く考えてみる**のです。

すると、そこに重なる部分はきっとあるのではないかと思います。あなたの仕事の延長線上に実現したい夢が見出せれば、「個人の願望」に合わないからといって、早々に現在の会社を離れよう、という思い違いも防げるのではないかと思います。

社会貢献、などと言うと少し崇高な感じがするのですが、そこまでなくても、1日5分でも10分でも、誰かに親切にすれば、それは立派な社会貢献です。

その「誰かのために貢献していこう」という思いが、夢の大切な要素だと考えています。そして**「誰かのために」という思いがあることで、それは誰かから応援される夢になる**のだと思います。

そうして、「誰かのために」という夢を持って仕事をする人が増えると、互いに共感され応援されることで、チームがよくなり、会社の業績も上がり、結果的にその会社の事業が多くのお客様を幸せにする。そうすれば社会が、世界がよくなっていく、ということだと思うのです。

ですから、あまり気負わずに、自分にできる「社会貢献」を発想していってほしいと思います。

3.5 毎日の「判断基準」を意図してつくる

今日1日、何をするか、何を着るか、何を食べるか……。

これらのことについて、私たちは毎日、毎時間、毎瞬間、選択を迫られています。

食事や身の回りのことなどの基本的な事柄だけでも、1日に数万回の選択をしながら生きているとも言われています。

その数万回の選択をする際にも、必ずその人なりの「判断基準」が働いています。

それは、過去の経験や体験からつくられた価値観による「習慣」とも言えます。

その習慣による日々の選択の延長線上に、今の自分がいます。

その選択の積み重ねの結果、今のあなたは幸せでしょうか。

未来への原因を今のあなたの行動がつくっています。その行動の積み重ねによって、未来の自分が幸せになるかどうかが決まります。逆に言えば、その積み重ねによってしか、未来の自分を変えることはできません。

だからこそ、ここまでお伝えしてきたように**「人間は自己保身のため、無意識のうちに楽な方へ流されやすい」という依存型姿勢であることが普通ですから、ここに着眼した対策が必要になる**のです。

その対策として、日々の仕事や人生での判断軸となる「自分理念」を持つことが有効なのだ、ということです。

「自分理念」を持ち、あなたの志に沿った「判断基準」＝「自分ものさし」によって日々のさまざまな選択をしていけば、徐々に自分らしく仕事に向かうことができるようになっていきます。そして、ブレずにストレス0で行動に落とし込んでいくことができる自分に、次第に変化していくことを実感できるでしょう。

3.6 人間の欲求説から、自分の中の2大欲求を自覚しよう

人間の欲求にはさまざまなものがあるのですが、私のメンターである福島正伸さんによると、それをわかりやすく2つに分けると、「安楽の欲求」と「充実の欲求」があると言います。

安楽の欲求：楽したい、嫌なことや、面倒を避けたいという無意識の欲求
＝「依存型姿勢」
充実の欲求：努力して困難を乗り越えたり、達成して充実感を得たりしたいという欲求
＝「自立型姿勢」

これらの欲求からくる姿勢はそれぞれ関連している、とここではざっと理解してく

ださい。

安楽の欲求とは、人間も動物なので、誰しもが無意識のうちに持っている「自分の身を守りたい」という欲求です。しかし、人間には理性があるため、「充実の欲求」もまた誰しもが持っているものだと言います。

有名なマズローの欲求5段階説によると、生理的欲求や安全欲求など、安全に生きていくのに最低限必要なものを確保したい、という欲求がそもそもあり、そこから次第に社会的欲求（集団に所属したいという欲求）、尊厳欲求（他者から認められたい、尊敬されたいという欲求）、そして自己実現欲求（自分の成長や可能性を高め、発揮したいという欲求）が芽生えてくる、と言います。

このマズローの欲求説を考慮しても、人間には低次の欲求（生理的欲求、安全欲求＝安楽の欲求）から高次の欲求（社会的欲求、尊厳欲求、自己実現欲求＝充実の欲求）へと向かう性質があるということがわかります。

あなたにも、こんな経験があるのではないでしょうか?

例えば、学生時代、受験勉強は大変なんだけれども、遊んだり、寝るのを我慢したりして努力した結果、見事合格した経験。

文化祭の出し物に、最初は乗り気ではなかったのだけれど、みんなで取り組んでいくうちに夢中になって、最後はクラスみんなで一丸となって成し遂げた経験。

部活でみんなで必死になって練習して、試合に勝利し、目標を達成した経験。

これらは全て、**充実の欲求に基づいて自立型姿勢で行動した結果、「充実感」を感じた経験**です。

もし、人間に単に楽したいという欲求だけしかないのであれば、努力して困難を乗り越えることなど、しようとも思わないはずですよね。

だから、やはり人間は、困難を乗り越えて「仲間から認められたい、共感したい、人から頼りにされたい」という思いがあって、そこに向かう過程で、「自分の可能性を引き出して、なりたい自分へと成長を遂げたい」という高次の欲求に次第に動かされていくものなのではないか、と思うのです。

つまり、単に「楽する」ことと、努力して困難を乗り越え、仕事や人生を「楽しむ」ことは、対極にあるのですが、両方とも人間が持つ欲求なのです。

ここで注意してほしいのは、「楽しむ」ということは、ここでは「困難なことを乗り越えた後にある」喜びや達成感、自分自身の成長……つまり、「充実することを楽しむ」という意味合いだということです。

3.7 自分を放っておかないための「ポリシー10箇条」

前項では、欲求説から考えても、人間誰しも安楽と充実、2つの欲求がある、ということをお伝えしてきました。それはどちらかが良いとか悪いとかいうことではなく、誰しも当たり前にある、ということです。

誰にでもある欲求であるからこそ、「楽すること」に流される自分を自覚して、意図的に困難を乗り越えて、充実感を得ることを「楽しもう」と意識していくこともできます。

ここでは、「楽しむこと」を意識して日々の仕事術に置き換え、ブレない毎日を過ごすための、シンプルな方法をご紹介したいと思います。

それは、「ポリシー10箇条を決める」という方法。
毎日の行動に、あなたの「自分理念」つまり「自分ものさし」を反映するための仕事術としておすすめです。
ポリシーとは、「強い主義やこだわり、方向性、方針のこと」で、「自分の生きる上での流儀・哲学・信条」とここでは考えてください。

無意識に楽な方に流されていかないためにも、あなたがポリシーとして掲げたいことをひとまず10個思い浮かべたら、それを紙に書いて貼り出しておきましょう。

形のない概念的な事柄は、思い浮かべただけでは流れていってしまいやすいので、文字にして形を与えます。まずはそれだけでも楽な方に流されず、ブレない自分に向かう第一歩になると思います。

ちなみに、私のポリシーはこのような言葉で、10箇条にまとめています。

～私のポリシー10か条～　吉野創

【第1条】自分自身が成長にこだわり続ける
【第2条】相手を信じる覚悟を持ち動じない
【第3条】うまくいくまでやめない人に勝てる人なし
【第4条】人に会うのは応援するため
【第5条】困難の先には感動がある
【第6条】理想に挑戦する姿が、人に勇気を与える
【第7条】本気にならなければ、何も変えられない
【第8条】その人が存在していることに感謝する
【第9条】一番大切なことを、一番大切にして生きる
【第10条】いつも誰かの笑顔につながる方を選ぶ

ポリシーをつくる、**そのポイントは、あなたにとっての「こだわりの言葉を選び抜く」こと**です。

私の例のように、やや短めに覚えやすい言葉にして、楽な方に無意識に流されてしまう自分自身の日々の行動を、「自分にとって意味のあるもの」にするための意識付けをしていきます。

いかがでしょうか？

例えば、仕事でも、日々の生活でも、このようなことを意識して行えば、自分にとってよりよい未来への足がかりをつくっていくことができそうな気がしますよね。

皆さんもこのようなポリシーをつくったならば、それを日々眺めることによって、繰り返し思い出し、見るたびに心に刻み込んで行動していきましょう。

すると、いつしかそのポリシーは自分の中にしみこんでいき、意識しなくても自然とポリシーに従った行動が取れるようになっていきます。

3.8 感謝があなたの行動を強くし、行動だけが人生を変える

「上司から指示されたこと以外のことはやらない」
「なるべくミスをしないように余計なことはやらない」

こんな働き方をしている人を見かけたことはないでしょうか。
実は私自身も、こんな働き方をしていた時期がありました。
新卒で入社したばかりの私は、

「ミスをして問題を起こしたらどうしよう」
「上司から怒られるのがこわい」

こんなことばかり考えて、とにかく「自分から何か行動を起こすのはやめよう」と、とても消極的な働き方をしていました。

しかし、今、このような過去の自分に何か言えるとすれば、

「ミスを恐れて何もしない人生にどれほどの価値があるのか」

と、伝えたい、と心から思います。

なぜなら、**仮にミスをしたとしても、そこから必ず何かを学び取ることができるということが、実体験から身にしみてわかったから**です。

そうなれば、それはもはや「ミス」ではなく「成長」と言ってもいいぐらいです。

アメリカ合衆国の元大統領セオドア・ルーズベルトの言葉に、

「ミスをしない人間は、何もしない人間だけだ」

とあるように、**何もしなければミスもしませんが、その代わり何の成長も得られない**ということになるのです。

別の側面から考えると、「何もしない人生」というのは、周りの環境に依存した人生とも言えないでしょうか。

周りの環境に頼り、全ての判断をゆだねていれば、自分は何も考えず、何もしなくていいのですから、無理に自分から動く必要もありません。

しかし、「自分理念」を持つと、そうした消極的な依存状態の中では、自分自身の人生を主体的に生きていくことができない、ということがよく理解できると思います。**自分で考え、実際に行動することだけが、人生を変えていくことができる**のです。

では、自分から行動を起こせるようになるには、どんなことが大切なのかを考えた時に、私が最も大切だと思うことを1つだけ挙げるならば……

それは**「感謝」**です。

この「自分理念」をつくっていく過程では、さまざまな気づきを得られるようになります。**その中の最も大きな気づきは、おそらく自分自身が周りから助けられて「生かされている」ということ**になると思います。

今の自分が周りに依存していて、その上で、さまざまに助けられていることに気づくこと、そしてそのことに感謝することができれば、成長への大きな一歩となります。

会社が存在していること、自分が働く場所があること、上司が仕事を助けてくれること、同僚が一緒に働いてくれること、お客様がいること、家族がいること……、よくよく考えていくと、これらは決して「当たり前」のことではありません。

その存在に感謝することを改めて意識していくだけでも、仕事の捉え方も、これからの生き方も変わってくるはずです。

そんな存在に生かされていることに感謝の念を持ちつつ、**その人たちのためになる行動を、1つでも多く自分から起こしていくように心がけていくと、自分の変化に気づく**ことでしょう。

そして、行動を起こし続けていけば、5年後あるいは10年後、何もしなかった人との結果に大きな差が出てくることは、間違いありません。

コラム1

営業職・Mさん（23歳）と先輩・Iさんのコメント

実際に「自分理念」をつくって、実践段階に入っている若手のMさん。困難を自分で乗り越えようとする姿勢と、それを応援する先輩Iさんのコメントです。

● Mさんのコメント

「Mさんを信じて、Kホームさんで契約します」

この言葉が、営業という仕事に未だに苦手意識がある私を支えてくれている、お客様からいただいた言葉です。

この言葉をくれたのは、私が入社して初めて契約していただいたお客様ですが、いろいろな事情で新築ではなくリノベーションという形の再契約になり、営業担当も私ではなくなってしまいました。

再契約に至るまで、一緒になってたくさんたくさん悩みながら、時に上司と意見をぶつけ合いながら、長い時間がかかりましたが、「Mさんを信じて」の言葉で全てのことが報われた気がして、入社して今日までの中で一番嬉しかった言葉でした。

私は営業という仕事をしていますが、商品や性能で選んでいただくよりも、人として選んでいただける営業マンになりたいと思っています。

営業という仕事を好きになるまでには、まだまだ時間がかかりそうですが、出会ったお客様との縁を大切にして、お客様がどんな選択をされたとしても、私自身がお客様にとっていい記憶として残るような営業マンでありたいと思います。

お客様のためにできることを精一杯やれば、自分の仕事に「想い」がこもっていれば、それはちゃんと伝わると思うし、何らかの形で喜びややりがいが生まれると思います。

嫌なことや大変なこと、皆さんもそれぞれいろんなことがあるかと思いますが、悩んだ分、その後にはきっと素敵なことが待っていると私は思うので、一緒に励まし合いながら頑張っていけたらなと思います！

Ｉさんのコメント

嬉しさや喜びは、その前の「不安」を経由して初めて感じられるものだと思っています。

そしてその不安を抱えながらやっていくこと、これが「楽しむ」ということじゃないかなと最近感じています。

最初の契約に至るまで、そして再契約に至るまでたくさん悩んだということは、たくさん不安があったと思います。それはお客様とて同じだったと思います。

お客様と寄り添いながらともに不安を経由しているからこそ、「お客様のために」という想いが、Mさんを信じることへつながっていったのだと思います。

出会うこと、話すこと、悩むこと、不安になること、衝突すること、選ばれること、任されること、そして信じてもらえること、その他のことも全てが最後に、喜びや幸せに変換されます。

これが「営業の楽しさ」の1つではないでしょうか。

そこにやりがいを見つけることができれば苦手意識もなくなり、好きになっていけるんじゃないかと思います。

第 4 章

「自分理念」のつくり方

4.1

「自分理念」をつくる3つの発想法

ここまで「自分理念」についてお伝えしてきましたが、ここからは、実際に「自分理念」をつくる方法を具体的に説明していきたいと思います。

とはいえ、「自分理念」は一朝一夕につくれるものではありませんし、一度つくったらそれで終わりというものでもありません。

行動に落とし込み、日々メンテナンスをしながらよりよいものにしていくものです。ですから、「自分理念」づくりには完璧を求めずに、じっくり取り組んでみていただければと思います。

「自分理念」のつくり方の発想法には、実にさまざまなものがあります。その中でも今回は、私がこれまで学んで実践したり、考えたりしてきたものの中から、比較的取り組みやすいのではないかという、次の3つの発想法をご紹介したいと思います。

1・来し方（過去）からの発想
2・志からの発想
3・行く末（未来・ビジョン）からの発想

これら3つの発想法の詳細は、のちほど説明していきますが、どれからアプローチしていただいてもかまいません。自分のやりやすい方法を選んでみてください。

1つだけ選んで取り組んでみるのもいいですし、3つ全てを行ってみてもかまいません。この3つは相互に関連し合っているので、組み合わせながら取り組んでみると、自分が大切にしているものが見出される感覚があると思います。

可能であれば、この（1）過去→（2）志→（3）未来の順番で一通り取り組んで、文字にして客観的に見てみましょう。

自分の中に新しい発見があり、より本質的な「自分理念」につながると思います。

そして、つくったものを客観的に見て「なるほど、自分はこういうことを大事にしているのか」と自分の価値観を改めて知ることで、より意識した行動を選択できるようになります。

そんな感覚を得ることをまずは目標にして、気軽に取り組んでみてください。

ここでは、まずそれぞれの発想法の概要について、簡単に説明してみたいと思います。
（1）の「来し方（過去）からの発想」というのは、**あなたがこれまでに育ってきた人生、生きてきた人生を振り返りながら考えていく方法**です。
これは、言ってみれば、あなたを形づくっている土台や土壌のようなものです。
（2）の「志からの発想」は、土台の上に建つ建物のようなものと考えるとわかりやすいでしょう。あるいは、土壌の上に育つ木や、木が集まってできる森のようなものとも言えます。

これまで積み重ねてきた土台や土壌の上に、**どんな建物を建てたいか、どんな木を育てどんな森をつくりたいか。そんなことから発想してみる方法**です。

そして、あなたの生きるこの社会から求められていることは何なのか？ あなたの今の仕事を通じてその課題を解決するために、良い土台があれば、良い建物を建てることができますし、良い土壌があれば、良い木や森を育てることができますので、それぞれ社会に貢献することができます。

（3）の「行く末（未来・ビジョン）からの発想」方法は、**目的地のようなものと考えるとよい**でしょう。

良い土台の上に良い建物が建ち、良い木や森が育てば、そこにどんな社会が実現されるでしょうか？ どんな世界になっていくでしょうか？ その時、あなたはどんな理想の自分になっているでしょうか？

ワクワクするようなイメージができれば、人はその目的地に向かって進んでいけるのだと思います。

「自分理念」は、「こうでなければならない」という決まりがあるわけではありません。**自分自身が最も自然体でいられて、こんな自分でありたいという、自分の内側から湧き上がってくる想いが感じられるものであればよい**のだと思います。

言葉にしたら、ぜひ紙に書き出して貼り、日々眺めてみてください。それによって、自分自身が本当に大切にしているものをイメージしやすくなります。

そうして、**少しずつでも、思考と行動を「自分の本当に生きたい人生」の方向に自分で変化させていく。それこそが、「自分理念」をつくる意義**なのです。

4.2 来し方（過去）からの発想

それでは、まず1つ目の「来し方（過去）からの発想」について、詳しく見ていきたいと思います。

これは、あなた自身の過去を振り返りながら発想する方法です。「来し方」というのは、これまであなたが過ごしてきた人生の時間や道のりのことです。その逆が「行く末」で、これから歩んでいく未来の人生の道のりです。

研修ではよく、自身の過去を振り返りながら「自分史」の作成をしてもらうのですが、これは「自分理念」を作成するためにも、とても有効な手段となります。

自分の人生を振り返って、これまでのさまざまな経験の中で、どんな人と関わってきたのか。そして、どんな人に、どんなふうに支えられてきたのか。

これらを思い出せる限り書き出してもらうのですが、ここから**自分の人生観や仕事観が形成されてきた理由を感じ取ることができたり、気づきを得ることができたりする**のです。

例えば、人生のさまざまな折に、自分に関わり、自分を助け、そして支えてくれた人の顔がたくさん思い浮かぶと思います。一番身近な存在である親、そして恩師、先輩、友人……。

そんな大切な恩人のことを、感謝の念とともに思い出しながら、あの人はあの時なぜ自分を助けてくれたのか、なぜあんな言葉をかけてくれたのか、その人の本当の思いはどこにあったのか、などということを考えていくと、さまざまな気づきを得ることができます。

当時はその言葉や行為に込められた真意がわからなかったとしても、時間が経った今、改めて考えてみると、「あれはそういうことだったのか」「あの人の気持ちはこうだったのか」などと、自然に理解できることもあるでしょう。

その人の本当の思いがわかると、ありがたく、感謝の気持ちが溢れてくることもあるでしょう。そして、1人1人に対してそんなことを考える中で、自然とこんな発想が浮かぶのではないでしょうか。

「自分はこんなに多くの人たちの思いや願いに支えられて、ここまでやってこれたんだ」と。そして、**「これからあの人の思いや願い、その恩に報いるためには、どんな自分になっていけばよいだろうか」**と。

自分が受けた恩を「その人の気持ちになって」考えていくと、わかることがあります。そして、その人の思いや願い、恩に報いるためには、今のままでよいのだろうか、自分は変わらなければならないかもしれない、成長することが必要なんじゃないか、という、決意や自覚が芽生える人もいると思います。

感謝すべき人たちの本当の思いや願い、そして、その人たちへの恩を考えた時、自分はどんなふうに成長し、生きるべきなのか、その方向性を考えるきっかけにすることができます。

そしてそれこそが、**あなたのこれからの「生きる目的」となり、人生の目標、人生のテーマとも言うべき人生観が育まれていく1つの理由になる**のではないでしょうか。

自分史を振り返っていくと、普段は忘れているような出来事が、案外自分の支えになっていたことに気づくかもしれません。

そして、これまでどれだけ多くの人に自分が支えられてきたのかということを、改めて考えるきっかけにもなるでしょう。

このようなことから湧き上がってくる、**自分を支えてくれた人たちへの「感謝」の思いを礎にして、自分の人生の軸にしていくというのが、「来し方（過去）からの発想」法**です。

「自分理念」は、「自分がどう生きていきたいか」という「未来への意志」です。それが人生観や仕事観につながり、その思いを原動力にして、行動し続けていくことができるようになります。

人は「自分のため」だけよりも、「誰かのため」に生きることで、より強く生きていくことができるものです。

「自分のため」だけだと挫折してしまうようなことも、「あの人のため」と考えることで、強い気持ちで進んでいくことができるようになるのです。

4.3 感謝について考えると「生きる目的」を発見する

あなたはこの「感謝」という言葉を聞いてどんなことを連想しますか？

まず真っ先に思い浮かぶのは、おそらく多くの方にとって「ありがとう」という言葉ではないでしょうか。感謝と言えばやっぱり「ありがとう」という気持ちを表現する言葉だ、とイメージする方が多いと思います。

しかしこの感謝という文字をよくよく見てみると、「感じて謝る」とも読めますよね。**なぜ「謝る」なのでしょうか。**この「謝る」という意味合いについて、少し掘り下げて考えてみたいと思います。

「謝る」というのは、その人に対して何か悪いことをしたな、気分を害したな、とか、気を遣わせてしまった、面倒をかけた、迷惑をかけた、などといった意味合いをイメージする方が多いと思います。

私を含めて多くの方が、これまで自身の両親や身内にはじまって、たくさんの人たちに迷惑や面倒をかけて生きてきています。ところが多くの方が、いろんな人たちにいただいた思いや願い、恩を忘れてしまっています。

たくさんの人たちからの思いと、手助けや応援をいただいて、私たちの今があるんですよね。それなのに、そのほとんどを忘れてしまっているのです。

直接的なものだけでなく、間接的な思いや願い、恩を考えていくと……とても全てを思い出すことはできないと思います。

普段はこんなことを考える機会はほとんどないと思いますが、「来し方」と向きあって深く考えていくと、「恩を忘れてしまって申し訳ない」とか「教えてくれた生きる姿勢や、自分への思いや願いを忘れてしまって、無意識に過ごしていた」といったことに気づくことができます。

この、**今まで自分を支えてくれた人たちに対して申し訳ないな、という気持ちが、「謝る」という素直な姿勢につながっていきます。**

そのためのきっかけとして**「感謝について考える」**ことをおすすめします。

いろんなやり方がありますが、その一例をご紹介しましょう。

まずは1枚の白い紙を用意します。そしてそこに生まれてこの方自分がお世話になった人の名前を、思いつく限り書いていきます。

幼少の頃から始まって、小学校の頃～中学校の頃～高校、大学……と当時の自分自身の姿とともに、いろんなシーンを思い浮かべてみてください。

やはり昔であればあるほど記憶は薄れているとは思うのですが、断片的にでも、あの人にこういうことをしてもらって嬉しかったとか、楽しかったとか、すごく勇気が出た、などといった出来事が思い出されるのではないでしょうか。

そして、これはすごく大事なことなのですが……**一方で、辛かったことや、苦しかったこと、悲しかったこともまた、強く心の中に残っている**のではないでしょうか。

その時の登場人物を思い浮かべてみてください。その人はひょっとしたら自分の親または身内のような人かもしれないし、友人や先輩後輩かもしれないし、自分の人生に大きな影響を与えた恩師のような人かもしれません。

そして**その人の、その時の自分への本当の思いを、今の自分自身から理解しようと試みてみる**のです。

例えば、私自身は、小さい頃に親戚のおじさんにこっぴどく怒られたことが思い出されます。なぜ怒られたのかというと、当時、親戚のおじさんの家の庭でいとこと泥遊びをしていて、隣の家の白い壁に泥を飛ばしてしまったのですね。そしてそれをそのままにして家に帰ってしまったのです。

当然、隣の家の人はその白い壁の泥を発見し、おじさんの家に怒鳴り込んできます。その時のおじさんの驚き、辛さ、悔しさ、そして、不甲斐なさ……。このような心情は、今であれば、とてもよくわかります。

しかし、幼い私は、おじさんが何でわざわざそんなことで私をきつく叱るのか、よくわかっていなかったと思います。いつも来ないような時間に来て、こっぴどく怒られ、隣の家に一緒に謝りに行きました。そしてその後、父親にもこっぴどく怒られたことも思い出されます。

今であればよくわかる、おじさんがきつく叱ってくれた理由、それは、「悪いことをしてそのまま黙って帰って、バレなければいいとでもいうような、そんな卑怯な人間になってほしくない」という強い思いです。**全て私のためにやってくれたことだった**のです。

おじさんはもう亡くなってしまい、もはや「あの時自分を本気で叱ってくれてありがとう」という思いも、伝えることは叶いません。

いつもは優しいおじさんが、なぜあんなにきつく叱ってくれたのか。それは私の成長を考えてずるい人間にならないようにと、親のような気持ちを持ってくれていたから。このことに対して本当に感謝の気持ちが沸き起こってきます。

例えばこのようなエピソードが、私にとっての「感じて謝る」思い出の1つです。

このような気持ちを思い浮かべて、白い紙に名前を書き出した人、それぞれについて、書いていきます。

つまり、**その人への感謝の気持ちを、「ありがとうございます」と「ごめんなさい」の2通りで書いていくという要領**です。

20年や30年生きてきたのであれば、おそらく感謝すべき恩人は、10人や20人では足らないでしょう。個人差はあれども、記憶をたどっていくと、その数倍もの人数がいるかもしれません。

でも、多くの方が、そのほとんどを忘れてしまっています。

なのでまずは、その人の面影やシーンが思い浮かんだと同時に名前を書いていく、「思い出しワーク」をやってみるとよいでしょう。

最低でも10人程度は書いてみてください。

その10人ごとの「ありがとう」と「ごめんなさい」をそれぞれに書いていくのですが、多くの方が「ありがとう」はすぐに出てきても、「ごめんなさい」はなかなか出てこないようです。**「ごめんなさい」が出てこないということは、その人の本当のあなたへの思いや願いを、まだ自覚しきれていないということ**だと思います。

実はこの「ごめんなさい」の感情が、これからのあなたの生き方の「軌道修正」を実現するためのきっかけになることが多いのです。

私は親戚のおじさんとのエピソードのほかにも、両親とのエピソードもいくつか思い出されて、自分自身の本当の軌道修正につながったことがあります。

当時は気づかなかった、両親の本当の思いに、親と同じくらいの年齢になって初めて気づいた……こんな経験を持つ方は多いのではないでしょうか？

だからこそ、**当時はわからなかった相手の思いを、その人の気持ちになって、深く考えていくことが大切**です。

「ありがとう」と与えられたことに感謝してばかりで成長しなければ、その人の本当の思いに応えられたとは言えないのではないでしょうか。

今の自分自身を素直に顧みて、例えば「まだまだ成長が足りず、お世話になってばかりだな、恩を返せてないな」という思いが湧き上がってくるかもしれません。

その人の本当の思いや願い、その人への恩を改めて考えた時にこそ、深い気づきがあるのです。

このような思いを持つ自分のことも、ぜひ再発見しながら、「感謝について」考えてみることをおすすめします。

最後に、**あなたが恩人の方々のためにも今より成長し、できること、してあげられることを考えてみましょう。**

これらがあなたの「生きる目的」のヒントになります。

ちなみに恩返しは、本人に直接返さなくても構いません。自分が成長して、誰か他の人や社会に良いことをしていく「恩送り」という考え方があります。

自分自身の来し方を考えて、これからの行く末を思いながら、今の自分自身の生き方を軌道修正する。ぜひ、そのきっかけにしてほしいと思います。

4.4 志からの発想

次に、2つ目の「志からの発想」という視点を紹介していきます。

これは、3ステップで志を発想する方法です。

ステップ1：自分を知る
ステップ2：社会課題を考える
ステップ3：志を見出す

まずステップ1「自分を知る」では、**個人の特性、志向性、興味関心などから自分のことを掘り下げていきます。**

あなた自身の「強み／弱み」「得意／不得意」「好き／嫌い」といったことを書き出してみて、自分を客観的に捉え直すことによって、改めて自分を理解することを目的にしています。

次に、ステップ2「社会課題を考える」では、**社会や世の中の動向から、自分自身が興味・関心のある分野を絞り、「どんな人がどんなことで困っているのか」という課題について考えてみます。**

地域社会についてでもいいですし、特定の国や国際社会の中の問題でもかまいません。さまざまな課題の中から、自分が興味のあるもの、解決したいと思うものを挙げてみましょう。

そしてステップ3「志を見出す」では、**ステップ2で挙げた「課題」を解決するために、ステップ1で見出した「自分の強み、得意、好き」といった特性を活かして、何か自分にできることはないだろうか、と探していきます。**

例えば、食べることが好きで食品業界や飲食業界で働いている人が、フードロスに関心を持ち、それを少しでも解決に近づける試みができないかと、今の仕事を通じてできることを考えていく、といった具合です。

長い仕事人生を通じて、自分が社会や世の中に少しでも貢献できること。それがあなたの「志」となっていきます。

この方法は、個人の特性と、解決したい社会課題を掛け合わせ、その結果、自分自身の「志」を見出すという方法です。

そして、**ここに、「来し方からの発想」によって得られた、あなたの人生観、生きる目的から「あなたがなぜ、それをやるのか」という、あなたならではの「やる理由」が重なると、さらに強い志へと強化されます。**

その強い「志」が、あなたの「ミッション」あるいは「使命」です。

「仕事を通じた社会や人に対する役立ち方」と言い換えてもいいでしょう。そしてそれがあなたの「仕事観」にもつながります。

仕事において、こうした「志」や「ミッション」を持つ必要性に気づかずに働いていると、仕事への取り組み姿勢に、個人差、温度差が出て、仕事の質に影響が出ることがあります。

また、社会人になったばかりの段階では、自分の仕事のことで手一杯で、なかなか人や社会貢献にまで思いが広がらない、という方もいることと思います。

しかし、新人だろうがベテランであろうが、サービスを受け取るお客様から見ると、まったく関係がありません。つまり、未熟な仕事観で、仕事に向かう姿勢に個人差がある状態のままで、「新人だから、しょうがない」といった考え方をされてしまっては、お客様にとってはいかがなものかと思うのです。

だからこそ私は、社会に出たら新人の時から、自分自身の「志」、すなわち「仕事観」を考える機会をつくり、仕事に向かう姿勢をまず正していきましょう、とお話ししています。

また、社会に出て、単にお金のためだけに働くような仕事観のままでずっと働いていくと、いつしか仕事はつまらなくなっていきます。目の前の仕事を、「給料のための作業だから」「1日8時間を我慢して勤めればいい」といった仕事観で、嫌々取り組むような状態では、仕事から得られるものを狭めてしまい、それ以上の広がりが出ないからです。

だからこそ、**少なくとも今の自分自身が何らかの理由で選んだ仕事の意味を深く考えることが、とても大切**になります。仕事に意味や意義を見出して、志を考えていくことで、あなたの仕事観はより成長していくことでしょう。

たとえ新卒の若者であっても、数ヶ月〜1年間で、このような自分自身の来し方や行く末、そして志について考えることで、自分の「仕事観」を見出すことは、十分に可能です。

そして、**年齢に関係なく、「誰かのために」という志を持って働いている人は、社内でも自然と一目置かれる存在に成長していきます。**同期からも一歩抜きん出ることは間違いありません。

顧客からも「あの人は若いのにしっかりしているね」などと評価されますし、信頼され選ばれる人材に成長する可能性が広がっていきます。

特に若い方にとって、これからの長い仕事人生を、この志を持って過ごすか、持たずに過ごすかで、成長角度が天と地ほど変わってきます。

何より、自分の仕事における人や社会への意義を考え、一歩先を見据えて働いている人は、シンプルに「かっこいい」ですよね。

ぜひあなたも志を掲げて、かっこいい社会人になってほしいと思っています。

4.5 ただの仕事を「志事」に変えるコツ

前項では、志というものを見出す方法をお話ししてきました。
この志とはどういうものなのか？ ひょっとしたら、それは会社や職場の中で語られることはあまりないのかもしれません。

例えば、私はコンサルティングや研修などで、日々多くの社会人の方、中でも若い方とお話をする機会があるのですが、最初の頃は多くの方が「そんな、志みたいな大層なものは、私は持ってないですよ……」とおっしゃいます。

それは、おそらく「志」というものが、「世の中を大きく変えるもの」とか、「時代を変えるもの」といったイメージを持たれているからのように思います。

もちろんそれも確かに「志」と表現するのですが、私は「志って、そもそもそんな大層なものでなくてもいいんだよ」ということを伝えています。

私が言っている志とは、もっと身近なもの。

それは例えば、あなたが仕事をして、毎月お給料をいただくこともそうです。それはよく考えてみると、お客様が喜んで、感謝とともに利益をもたらしてくれたからに他なりません。そして、人が喜ぶ、笑顔になる、ということは、小さい規模かもしれませんが「人を幸せにしている」ということです。

このように考えていくと、**「人は仕事をすることを通じて、お客様を幸せにして、人の集合体である社会や世の中を変えていくことができる」**ということです。

それって立派な志なのではないでしょうか。

このようなお話をすると、「なるほど、それだったら私にも志は見出せそうです!」「私の志は仕事を通じて、こういうことで、お客様に喜んでもらうことです!」などと笑顔で語ってくれたりします。

何を伝えたいかというと、そういう「誰かを幸せにしたい、喜んでもらいたい」という思いを持って、自分の仕事に向かうこと、つまり、**自分の仕事を好きになって、仕事に誇りを持つことを、志で自覚してほしい**、ということです。

本書でお話ししている通り、人間は無自覚に生きると、どんどん楽な方へ流されていきやすい生き物です。それだと自分自身が持っている無限の可能性がなかなか引き出されず、仕事で活かされない、ということが起きてしまいます。

それって、とてももったいないことだと思いませんか？

だからこそ、「自分の仕事で果たす志を持つ」といった視点は、社会で仕事をしている全ての人にとって必要なものになります。

社会において、企業で行う事業は必ず「誰かのため」になっているはずですから、**自分自身の会社の事業が、誰のために役立って、どのような社会課題に関わっているのかを、自分なりにもっともっと掘り下げていくと、志を見出せる**のだと思うのです。

例えば、社会福祉系の仕事をしている人であれば、これからさらに高齢化していく日本社会で介護の問題がどのくらい深刻なのか。数字やデータなどを検証し、自分なりにより深く知る努力をしてみるのも、志を見出す良い方法です。

他にも、住宅関連サービスや不動産業界の方であれば、高齢化社会の中で、空き家問題というものが深刻化しているということを聞いたことがあるでしょう。人口も減少している世の中で、このまま空き家が増え続けたらどんなことが起きるのか？　より深く考えていくという方法もあります。

そうして深く考えて、自分自身が今やっている仕事で、どんな社会問題が解決できるのか？　そして自分に何ができるのか？　**こういったことを掘り下げることは、「自分自身の志について」深く考えるということに他なりません。**

そうやって見出していくのが、あなたのやっている仕事の「意味」や社会的な「意義」なのです。

4.6 素直さと自己開示――自分を知って意図して活用していく仕事術

そしてもう1つ。

その志をあなたがさらに大切にして、仕事で活躍できる状態にする方法をお話ししたいと思います。

志を考える3つのステップをちょっと思い出してみてください。

ステップ1：自分を知る

ステップ2：社会課題を考える

ステップ3：志を見出す

この最初の「自分を知る」ということが、できているようで意外とできていないものです。

では、自分を知るにはどうしたらいいか。そこについて考えてみたいと思います。

心理学の中で、『ジョハリの窓』という考え方があります。

これは、自分の中には、自分自身が知っている部分と知らない部分がある、という考え方です。自分のことはわかっているつもりのようで、実は自分が一番わかっていない部分が誰しもあるのです。

では、どのように自分が知らない部分を知ればいいのでしょうか？

いろんな方法がありますが、簡単に言うと、**人からの「フィードバックを受ける」**、**そして「自己開示をする」という2つの方法**があります。

まず、「フィードバックを受ける」というのは、**「人の話をよく聞く、人の意見を聞いて考えてみる」ということ**です。

あなたも言われたことがありませんか？「あなたって意外とこういうところがあるよね」。ダメ出しの意味であることもあれば、褒める意味であることもあると思います。実はこういうところに、自分自身の成長の大きな可能性が潜んでいます。

フィードバックを正しく受ける上で重要なのは、あなたの「素直さ」レベルです。素直に人の指摘を受け入れる人とそうでない人とでは、その後の伸び方に差が出ます。人からの意見を、まずは素直に受け入れて、自分自身のプラスにつなげていこうとする人は、その後も周りから応援されると思います。

ところが反対に、人の意見を聞かない、もっとひどいと反発する、拗ねてしまう、というような人間には、その後、誰も意見を言わなくなるでしょう。そうなるとフィードバックをしてくれる人がいなくなり、あなたが自分自身のことを客観的に知ったり、思い込みに気づいたりするということができなくなっていきます。

すると、若いうちはよくても、年齢を重ねていくと、どんどん「痛い存在」となり、「残念な大人」にもなりかねません。

ですので、フィードバックはまず素直に聞いて、まずいなと思うことがあったら直す努力をする。自分が気づいていない良い点が発見できたら、そこを磨き活かす。そのように意識していけばよいのです。

こうして自分の成長の可能性を自覚するようになると、自分の強みを意図して活用できるようになっていきます。それはすなわち、自分の仕事においても成果が出やすくなることとほぼイコールです。

そして、もう1つの「自己開示をする」という方法。

これはどういうことかというと、**「ちょっとこれ恥ずかしいな」とか「こういうこと言うとかっこつけてるみたいに思われそうで嫌だな」などと感じていることを、周りの人に知ってもらえるようにする**、ということです。

『ジョハリの窓』では、自分自身が「知っている部分」と「知らない部分」があるのと同様に、周りの人たちもあなたのことを「知っている部分」と「知らない部分」がある、としています。

例えば、周りの人たちの意識や環境によって多少の差はあると思うのですが、社会問題について議論するのが「真面目ぶっているようでかっこ悪い」とか「こんな話をしたら周りから引かれてしまうんじゃないか」というふうに感じていたとしたら、あえて、そのあなたのまっすぐな思いを周りに開示していくということ。つまり自分から話をしていくということです。

これは、慣れていない方からすると、ちょっと勇気がいることかもしれません。しかし、**自己開示＝自分自身のことをまっすぐに周囲に伝えることが、ネガティブに受け止められるということは、私の経験上、ほとんどありません。**

逆に、「へ〜、○○さんてそういうこと考えてるんだね、すごいね！」とか「実は私もそのことをいろいろ調べてたんだよ、少し私からも話をさせてもらってもいい？」というように、**共感してくれる人が意外にも多いもの**です。

自己開示をすることの大きなメリットは、この「共感者」に出会えるということです。あなたの興味関心に共感してくれるだけでも、1人じゃないと実感できるでしょう。

また例えば、あなたのそんな思いが、社内における有力者に届いたとしたら……憧れていた部署に異動となったり、新たな取り組みやプロジェクトで協力者となったりして、あなたの後押しをしてくれるかもしれません。

すると、あなたの望む仕事ができますから、「やらされ感で仕事をする」といった、モチベーションが下がるリスクは減っていくことでしょう。

あなたが志を見出し、それを発信すれば、共感し協力してくれる人たちが見つかり、自分の仕事を「志事」として、それに邁進していける状況をつくり出せるのです。

そして、今よりもっと自分の可能性を発揮し続けることができるようになります。

これは「働くことで幸せになる」状況を自分でつくっていくための、重要な仕事術なのです。

4.7 行く末（未来・ビジョン）からの発想

最後に、3つ目の「行く末（未来・ビジョン）からの発想」について紹介します。**あなたの未来に思いを馳せ、自分自身のビジョンをつくる、というアプローチ**です。

第2章でもお伝えしたように、「ビジョン」はあなたの将来像、実現したい未来の理想像のことです。

「志」、「ミッション」を果たしていくことを通じて、あなたはこの先の未来において、どんなことを実現して、どんな自分になっていきたいと考えるでしょうか。

「ビジョン」で**大切なことは、今の自分の状態で「できる、できない」を判断する必要は一切ない、ということ**です。

なぜならば、人間の可能性は無限にあるからです。

人間は、自分自身の可能性を信じ、自分の特徴や強みを意図して使えば、知らず知らずのうちに共感者の協力を得て、成長していくものです。

ですから、今の状態や環境などの条件だけで、未来のあなたの無限の可能性を狭めてしまうのは、とてももったいないことなのです。

「できない、無理だ」という心の声は一切無視し、「こうしたい、こうなりたい、こういうことをやってみたい」という夢を、改めて文字にしてみてください。

最初は論理的に書く必要はありませんし、根拠もまったく必要ありません。自分の想像力を発揮して、思い切り書き出してみましょう。

＊こんなことができたら楽しい、幸せだ
＊こんな世界になったら最高に嬉しい、幸せだ
＊こんなふうになるかも、あんなふうになるかも

＊どのような世の中、社会を創造したいか

このようなテーマで自由に表現していきましょう。
以下に、私自身の「ビジョン」をご紹介します。

（例）
●人々が、自分の仕事に情熱を持って取り組むことが当たり前の世の中になっている。
●笑顔の溢れる職場をつくる自走式組織®コンサルタントの皆さんは、全国どこでも大人気で、引っ張りだこ。私は有志メンバーと育成機関をつくり、さらに次世代の自走式組織®のつくり手を育てている。
●地球規模で自走式組織®がスタンダードになり、海外でも事業展開。全世界で「仕事や職場が楽しい」が当たり前の世界になっている。

こんなふうに、できるだけクリアに、自分の望む未来のイメージを思い描いてみてください。それがあなたの「ビジョン」になります。

「ビジョン」は、**絵や写真を組み合わせて表現するのも良い方法**です。

「成功哲学」の提唱者であるナポレオン・ヒルが「思考は現実化する」と言うように、なるべく明確なイメージではっきりと考えると物事は実現に向かう、という法則があります。

「ビジュアリゼーション」とも言われますが、達成した様子を、文字と絵や写真などを組み合わせて、できる限りありありと描き、目に付くところに貼り出しておくのも非常に効果的です。

4.8 最初から完璧を目指さない

ここまで「自分理念」の3つの発想法をお伝えしてきました。取り組みやすそうなものはあったでしょうか。

「自分理念」をつくるときに、「言葉の定義」にとらわれ過ぎて堅苦しく考えるのはかえって邪魔なこと。「必ずこうしなければならない」ということってないんです。定義に則して「自分理念」を正確につくろうなんて思わなくても大丈夫です。

むしろ、最初から完璧なものをつくろうと意気込んでしまうと、途中で見出す楽しさも削がれてしまうかもしれませんので、初めは「なんとなく形になればいい」というぐらいの気持ちでつくっていけば十分です。

まずはつくってみて、文字にして、紙に書いて壁に貼ったり、写真に撮ってスマホの待受画面にしたりして、日々眺めてみる。このように気軽に取り組むことで、さまざまな気づきが得られると思います。

また、「自分理念」はあなたの人間的な成長に応じてメンテナンスが必要なものですから、**折に触れてバージョンアップをしていただければと思います。**

もし、ある日、「この言葉、なんかしっくりこないな」とか、「自分に合わなくなったな」とか「これ、もう意識しなくてもできてるよな」などと感じたら、言葉を変えたり、つくり直したりしてください。

そして、その時はぜひ喜びましょう。なぜならばそれは、「あなたが成長したこと」の証でもあるからです。

私は、**「自分理念」をつくるということは、「自分の幸せを自分の手でつくること」**だと考えています。

幸せは、誰かにつくってもらうものではありません。他人に依存せず、自分の手で切り開いていった先につかんでこそ、自分の幸せとなるのだと思います。

最近は「健康寿命」という言葉をよく聞きます。

簡単に言えば、健康に活動できる期間のことを指しますが、厚生労働省によると、2019（令和元）年の健康寿命は、男性72・68歳、女性75・38歳となっています。

健康年齢から、今のあなたの年齢を引くと、残りは何年ですか？

もし、あなたが男性で25歳なら、健康に活動できるのはあと約47年ということになります。

そのうち3分の1は寝ている時間として、ほかに食事や休息など、さまざまな時間を除いていくと、純粋に仕事に没頭できるのは47年の約半分、つまり24年にも満たないのではないかと思います。

つまり、**「あなたが健康で働けるのは、今まで生きてきた年数よりも少ない年数である可能性がある」**……こう考えていくと、今この本を読んでくださっている若い読者の方も、思いのほか時間が限られているということがおわかりになると思います。
だからこそ、自分の時間を大切に考えてほしいと願っています。

「自分理念」をつくる中で見出した、あなたの夢、あなたがやり遂げたい志を実現するためには、残りの時間の中で、自分は何をしなければならないか。そのためには、どんな力を身につけておかなければならないか。そして、どんなふうに生きていきたいのか。

夢から逆算してみると、それらのことが現実感を持って、次第にはっきりと見えてくるのではないでしょうか。

ところが、現代社会においてほとんどの社会人は「緊急で、かつ重要なこと」の仕事に追われている状態にあります。「人生のこと、自分の本当にしたいこと」を深く考えることはほとんどないのが現状です。

限りある人生における「緊急ではないけど、重要なこと」に気づくことに、「自分理念」をつくる重要な意義があるのです。

コラム2

営業職・Sさん（26歳）が「自分理念」をつくってみた感想

今回の研修では、働く上での「自分の理念」の重要性を学びました。

特に心に響いた言葉は「会社の中に自分を置くな、自分の人生に会社を置け」という言葉です。

今までは仕事を人生として考え、どのように会社に順応していくのがいいのかなど、「会社が正」と思いながら生きてきました。

でもそれだと自分がおもしろみのない中途半端な人材になっている気がして、その原因がよくわからずにいたのですが、吉野さんのその言葉を聞いて腹落ちしました。

それは自分の人生における「拘り・誇り・理念」がちゃんと定まっていないから、

勝手に会社の方針やルール、雰囲気に身を委ねていたということ。

結局、会社の方針やルールの中だけでしか物事を判断できない人間になってしまっていたので、本来会社の求める「自発性のある人材」になれていなかったんだなと思いました。

今後は、自身のポリシーや理念を再確認する課題もありますので、改めて自分の人生と向きあい、フラットな状態で自分のポリシーや理念を考えたいと思います。

また、ポリシーや理念を決めた後、それを貫き通す覚悟と工夫が大事だと思いました。

人は楽な方に物事を考えてしまうため、どんなに疲れていても忙しくても、その理念やポリシーを守り抜けるよう、覚悟と忘れないための工夫をしていきたいと思います。

第5章

「自分理念」を活用して自分らしく成果を出す

5.1 「自分理念」を発信しよう

第4章で「自分理念」をつくることができたら、ぜひ、やってみていただきたいことがあります。

それは、**あなたの「自分理念」を周囲に発信すること**です。

発信の方法はどんな形でもかまいません。

友達や、職場の上司や同僚に宣言する、SNSで発信する、仕事で人に会った時に言ってみるなど、いろいろな方法があると思います。

「自分理念」を発信すると、もしかすると、あなたが掲げたものに対して、最初は理解を得られないことがあるかもしれません。

実は私自身もそうでした。

私が掲げている「世の中に笑顔の溢れる職場をつくる」という「自分理念」を発信すると、

「そんなことは綺麗ごとだよ」

「理想論だ」

などと言われることが、最初の頃はたびたびありました。

しかし、それも1つの学びとして真摯に受け止め、行動を「自分理念」による「自分ものさし」に基づいて正しく選択しながら継続し、言葉を選び直しながら丁寧に伝えていくと、徐々に理解してもらえるようになっていったのです。

そうなっていくと、**理解を示してくれる人は、ただ一緒に仕事をするという関係性を超えて、志をともにする仲間、という感覚になっていきます。**

相手と重なるところが見出せると、その部分から相手と深くつながることができる感覚です。相手とは損得を超えて、関係のベースが一段底上げされるのです。

例えば、私にとってのご支援先の社長や社員の皆さんとの関係は、以前は単に「コンサルや研修を提供する取引先」でしたが、今では「笑顔の溢れる職場を社会に生み出す活動の一環をともにする同志」という感覚を持つようになりました。

本来、人間の価値観は個人によって異なるものではありますが、実は人間が本当に望んでいるものは、その根源の部分では一緒なのではないかと考えています。

それに気づき、志に共感し、共有してくれる顧客や仲間が増えていくと、相互の関係の質が変化するのだと思います。

あなたの職場に置き換えると、**ともに働くチームや組織の中に、志に共感してくれる人が増えていくと、全体の人間関係もよくなっていく**のです。

組織の成功循環モデル

マサチューセッツ工科大学 ダニエル・キム教授提唱

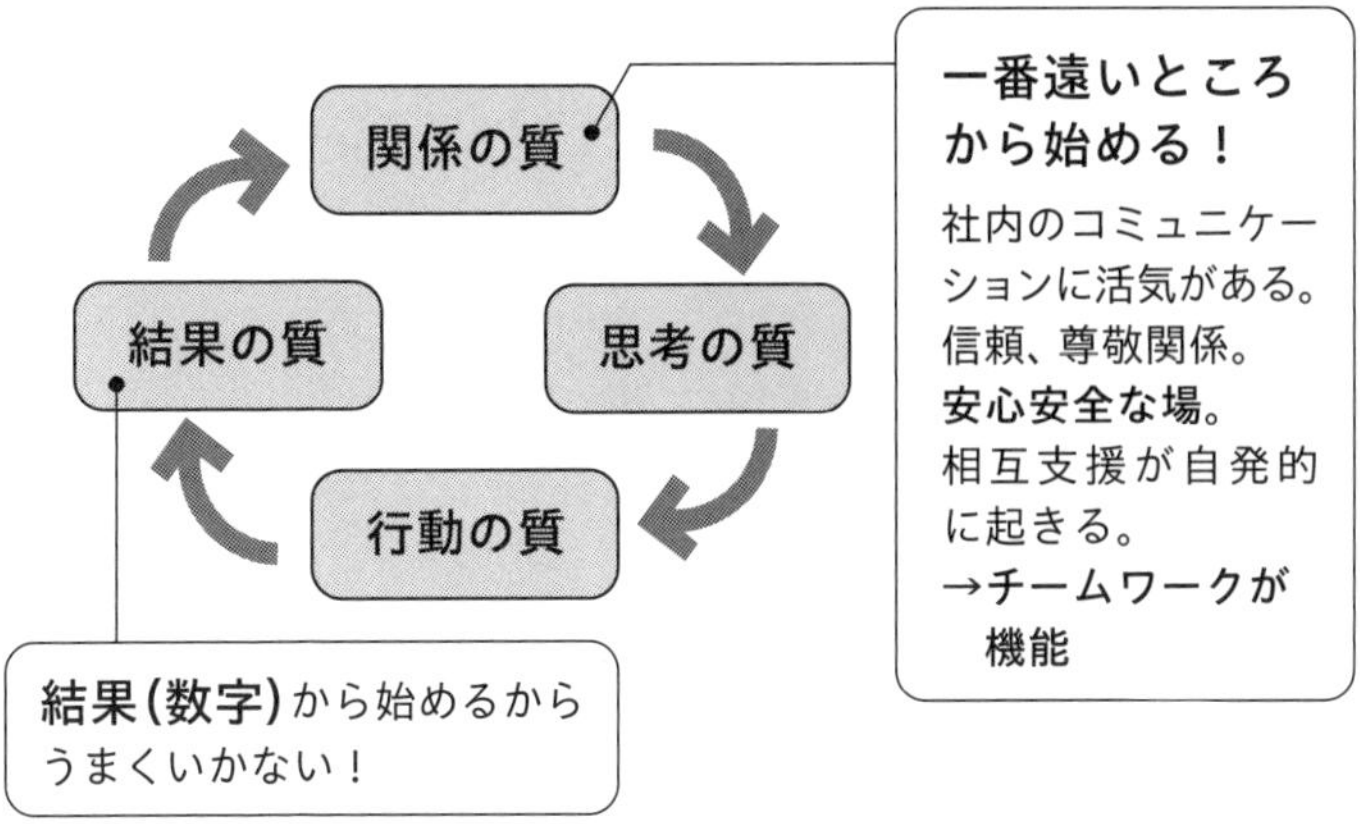

チームや組織の人間関係に関して、「組織の関係の質が向上すると、業績など結果の質の向上につながる」ということを提唱した有名な理論に、ダニエル・キムによる「組織の成功循環モデル」があります。

組織において「関係の質」が高まると「思考の質」が高まり、「思考の質」が高まると「行動の質」が高まり、「行動の質」が高まると「結果の質」も高まる、というサイクルが循環していくという理論です。これら4つの要素が相互に循環しあい、作用していくと言われています。

この好循環のサイクルが起こる場合、起点となるのが「関係の質」です。

つまり、**志やビジョンに共感して、「自分理念」を持った自立型の人材が増えていくことによって、組織全体もどんどん活性化し、成長・発展する循環に入っていく**のです。

あなたが「自分理念」をつくり、発信していくことで、ともに働くチームや組織の中に共感する人が増えていき、関係の質が高まり、結果として会社の業績まで上がることにつながれば、あなたの評価は上がります。何より周囲のメンバーにとってもより働きやすい職場になります。こんなにお互いに喜ばしいことはありません。

そうなれば、周囲のメンバーもあなたが仕事や人生で大切にしている「自分理念」にさらに興味関心を持ち、共感すれば後押しをしてくれるでしょう。

たとえ最初は理解されなかったとしても、私はそれが普通だと考えます。
なぜならば、最初は周囲の人はあなたが本気かどうかを見ているからです。

しかしあきらめずに、発信しながら行動をやめなければ、周囲は次第に共感し、応援してくれるようになるのだと思います。

あなたの理想を掲げて、「自分理念」に基づいて「自分ものさし」に沿った行動をコツコツと続けていってほしいと思います。

5.2 ブレずにストレス0で成果につなげる実践法

それでは、この本で解説してきたことをあなたの職場で実践していく取り組みについて、「6つの実践プロセス」でシンプルに解説したいと思います。

「自分理念」をつくって、発信し、仕事でどのように取り組んで成果を出していくか、次の図でイメージしてください。

この図は、弊社が提唱している「自分理念経営®」の概念、そのポイントを理解していただくための図です。

三角形が上下に組み合わさった図が2つあると思います。

自分理念経営® 概念図

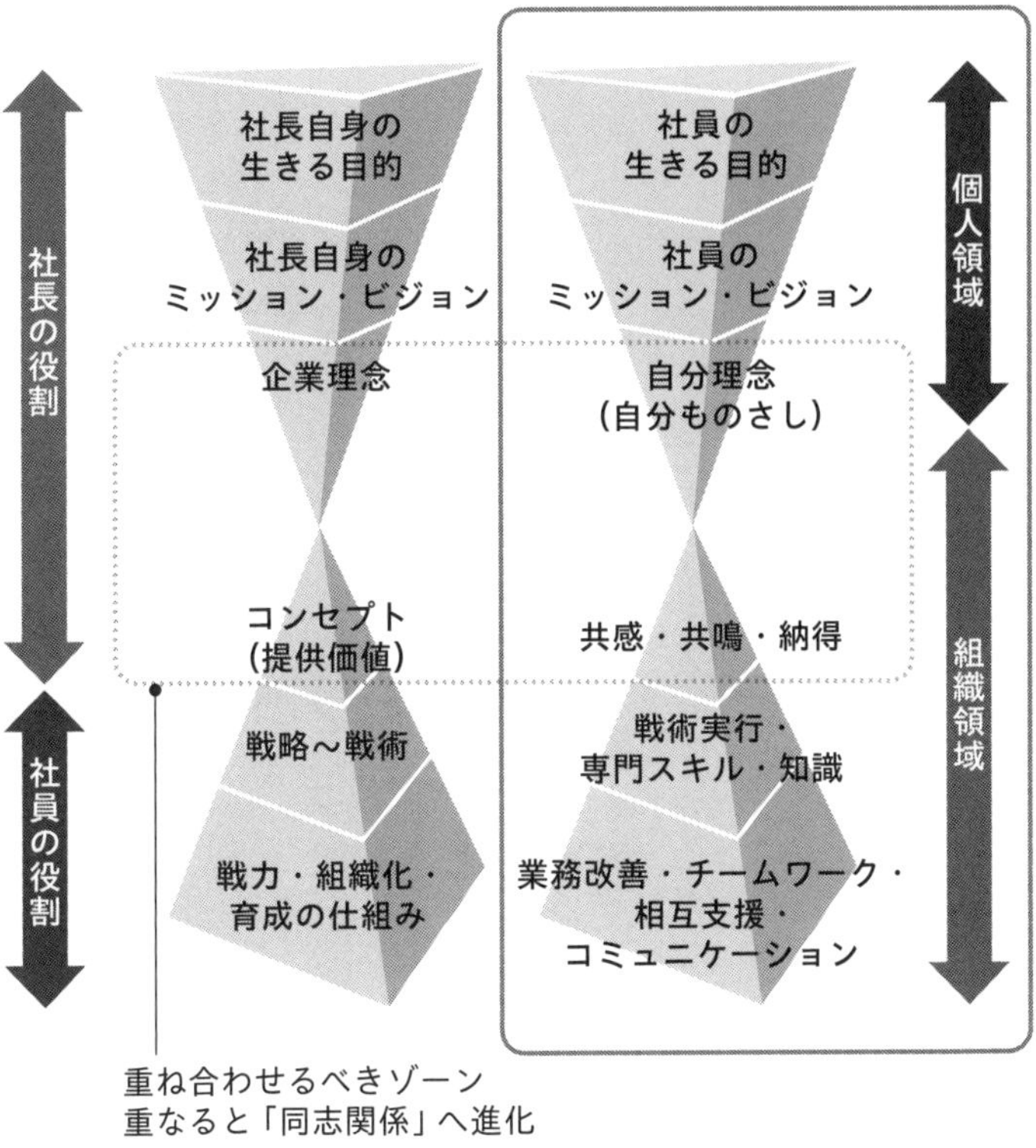
社長自身の
生きる目的
社長自身の
ミッション・ビジョン
企業理念
コンセプト
(提供価値)
戦略～戦術
戦力・組織化・
育成の仕組み
社員の
生きる目的
社員の
ミッション・ビジョン
自分理念
(自分ものさし)
共感・共鳴・納得
戦術実行・
専門スキル・知識
業務改善・チームワーク・
相互支援・
コミュニケーション
社長の役割
社員の役割
個人領域
組織領域
重ね合わせるべきゾーン
重なると「同志関係」へ進化

左側が経営者（企業）の理念の軸を表すもの、そして枠で囲った右側が企業で働く社員の軸を表すもの、と捉えてください。

この図に沿って、枠の中を上から順に、6つのステップで進めていくとよいでしょう。それではステップ1から説明していきますね。

ステップ1：自分自身の生きる目的を考える

ここでは、第4章で解説した「来し方からの発想」が有効です。あなた自身の過去を振り返りながら発想する方法です。

「来し方」とは、これまであなたが過ごしてきた過去。自身の過去を振り返りながら、「*才の頃」「小学校の頃」「中学校の頃」などと時系列で整理し、「自分史」の作成をすることは、過去を振り返る上で有効な手段となります。

自分史を振り返っていくと、普段は忘れているような出来事が、案外自分の支えになっていたことに気づくかもしれません。

そして、これまでどれだけ多くの人に自分が支えられてきたのかということを、改めて考えるきっかけにもなるでしょう。

このようなことから湧き上がってくる、自分を支えてくれた人たちへの「感謝」の思いをベースにして、自分の人生の軸「生きる目的」にしていくこと。

これが、「来し方からの発想」法です。

ステップ2：自分自身のミッション（志）、ビジョン（未来の理想像）を考える

ここでは、第4章で解説した「志からの発想」「行く末からの発想」が有効です。

個人の特性と、解決したい社会課題を掛け合わせ、その結果、自分自身の「志」を見出します。そしてここに、「来し方からの発想」によって得られた、あなたの人生観、生きる目的から「あなたがなぜ、それをやるのか」という、あなたならではの「やる理由」が重なると、さらに強い志へと強化されます。

その強い「志」が、あなたの「ミッション」、あるいは「使命」です。「仕事を通じた社会や人に対する役立ち方」と言い換えてもいいでしょう。あなたの仕事が「志事」になる、というイメージです。

そして、この「志」「ミッション」を通じて、あなたはこの先の未来において、どんな社会を実現したいですか？　そして、どのような自分になっていたいと考えるでしょうか。これがあなたの「ビジョン」＝未来の理想像となります。

ステップ3：自分自身の「自分理念」にまとめる

ステップ1～2で明文化した、「生きる目的」「ミッション」「ビジョン」の3つの要素を、それぞれ明文化します。

（3つ揃わなくてもよいですが、3つ揃った方がより強固な「自分理念」となります）。

コツは、なるべくシンプルに表現して、自分も覚えやすく、発信しやすい言葉にすること。そして、短く抽象的な言葉になった分だけ、その言葉に込めた意味や背景などを説明する「解説文」も付けておくと、自分自身の中でもブレ防止になります。

ステップ4：「自分理念」と「企業理念」の重なるところを考える

このステップ4では、図の左側のピラミッドに位置する「企業理念」の理解を深めることが必要不可欠です。「企業理念(経営理念)」には多くの場合、「社会に貢献する」という事業の目的が掲げられているものです。その内容と、自分の今の仕事での貢献内容、その意義をつなげて考えることで、「共感（だからこの仕事をやるんだ)」が生まれます。

さらに理解を深めることで、「共鳴（私はだからこの会社で仕事をしていくんだ、仲間と一緒にやるから生産性が上がるんだ)」の状態となります。さらに、「納得（会社の理念と自分の仕事に矛盾がない＝「自分理念」で考えても矛盾がない＝内発的動機付け)」の状態になっていくと、「やらされ感で仕事をする」ことはなくなります。

「共感・共鳴・納得」からくる内発的動機で、あなたの内燃式エンジンに自分で点火するイメージです。ここにおいて、「やらされ感」とは関係のない状態へとあなたの内面が変化していきます。

ステップ5：企業の戦略を理解し、創造性を発揮して戦術面を工夫する人財へ

ここでは、自分自身が「企業理念」に「共感・共鳴・納得」する状態になっていますから、「企業理念と自分理念を体現していくことが、仕事を頑張ることだ」というシンプルな理解ができています。

ですから、企業の戦略（大きな方針）を理解して、現場で実行する戦術（具体的なアクション・プラン）を自分で考えて工夫することが楽しくなります。そして、必要な専門スキル・知識を自ら身につけようとします。

例えば、これから会社で海外事業に力を入れる、となったとします。

そして、自分がその海外事業の仕事に志を見出していたら、その仕事をするための言語の習得や、文化の調査、地域の情報の収集など、言われなくても自分で行動するのではないでしょうか？

なぜならば、仕事が「自分理念」とつながっていることだからです。

さらに、このように自発的に働くと、ストレスを感じることはなくなってくるでしょう。だから、成長の実感も得られて、仕事は楽しくなるのです。

ステップ6：組織に影響を及ぼしていく活動を始めるリーダーへ

6つの実践プロセスの最後は、あなたが「自発的に」チームメンバーや、組織のメンバーに関わっていくプロセスに挑戦していきましょう。ポイントは左記です。

- あなたがコミュニケーションを自ら変革して、ともに働くメンバーとのチームワークを自ら高める。

・業務プロセスの現状を、仲間とともに見えるようにし、業務の改善としてどんなことが必要か？　発想し、提案する。
・「理想の会社」「理想像」を共有する場や、ミーティングをあなたが主催して、会社への提案、アクションを起こしていく。
・ともに働く仲間を大切にする「相互支援」を心がけ実施する。
例えば、1日10分でもいいので、自分から仲間を応援する、部署横断型の活動をする、といったことを通じて、職場や組織に「人を応援する」マインドを根付かせる。

そうして、誰かが共感してくれて、後押ししてくれたり、一緒に活動してくれたりするようになると、あなたは「組織に影響を与え、理念の体現の方向に動かしていく」リーダーへと成長を遂げていくことでしょう。

リーダーとは、年齢や役職などとは関係なく、「自分ができることに自発的に取り組んでいる人」なのだと思います。

5.3 人は、最後は人間性で選ばれる——専門性能力と人間性能力

「自分理念」を持つと、日々の生きる方向性が決まるので、ブレることが次第に少なくなっていきます。

自分の生きる目的に沿っている感覚があるので、行動することや、自分のために仕事を頑張ることが、自分の人生に全てプラスとなって積み重なっていく実感があり、ストレスが少なくなります。

しかも、それが同時に会社のためにもなり、仕事の成果につながっていく実感も得られるでしょう。

それまでは、ただなんとなく、惰性で生きる毎日だったとしても、「自分理念」を持つようになると、「今日は自分理念に沿った1日を過ごせた」と実感できる毎日に

変わります。

そして、そのことによって徐々にあなたの人間性は磨かれていきます。

仕事においても、知識や技術のレベルの高さといったことも大切な要素ではありますが、それ以上に周りの人は、あなたが日々「どんな思いで仕事をしているか」を見ています。


人が仕事で成果を出していくには、大きく分けて2つの能力が必要だと考えています。それを、私は「専門性能力」と「人間性能力」と呼んでいます。

「専門性能力＝スキルや知識」は結局、あなたの「人間性能力」という土台の上に乗るものです。**いくら仕事の知識が豊富で、技術力が高くても、それは土台である「人間性能力」の器の範囲でしか発揮されない**でしょう。


だから人は、最後は人間性で判断され、選ばれていくものだと思うのです。

人間の2つの能力

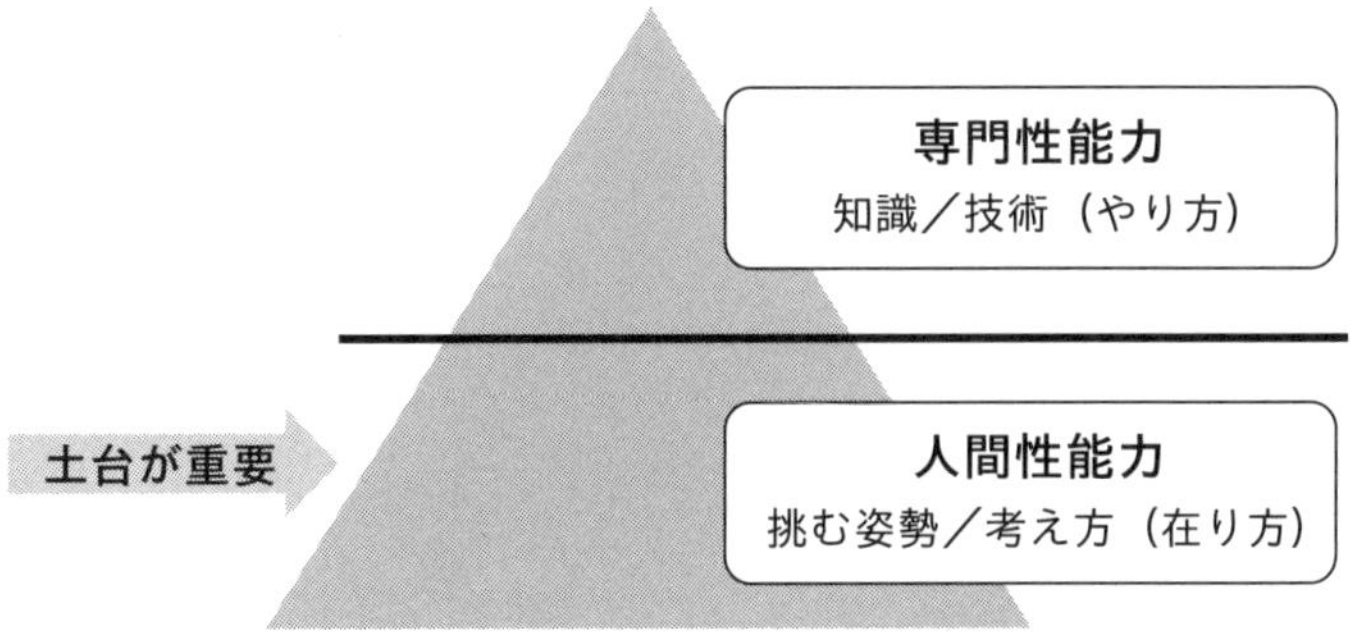

そして、この**人間性とは結局、その人が「どんな価値観に共感するか」によって決まってくる**のではないかと考えています。それがその人の「在り方」です。

「在り方」とは例えば「損得に共感するか、善悪に共感するか」。

これは、個人の損得だけで判断する価値観でしかないのか、それとも、個人を超越して社会の善悪、すなわち、人や社会の良い在り方にまで思いを広げて考える価値観を持っているのか、ということです。

自分1人のことしか見えていない人よりも、社会全体にまで視野を広げている人の方が、器が大きく、豊かな人間性＝在り方を持っているように思います。

また、「在り方」とは他にも、「自分自身が本当に生きたい人生を生きているかどうか」ということでもあります。

これは、家庭や職場において与えられた役割をただ生きていくのか、あるいは、それを超えて、本当に自分が大切にしたいことや、大切にしたい価値観を追い求めながら生きていくのか、ということです。

無意識に与えられた環境に甘んじている人よりも、自分自身で納得する道を追い求めている人の方が、自分の人生を生きている、という感覚は当然高まりますし、周囲にとっても、その人間性＝在り方がよりよい影響を与えていくのだと思います。

このような価値観に対して、今の時点で100パーセントの共感を持てなかったとしても、それはそれでいいのです。

「自分理念」を持つことにより、少しずつ視野が広がる中で、さまざまな価値観に深い共感を持てるようになっていくものだと思います。

徐々に共感が深まるにしたがって、行動や発言の「選択」も自然と変わっていくことでしょう。

すると、その変化が未来に向けての「原因」となります。

そして、最終的に、未来における「結果」に変化が生じるのです。

そんなふうにして、「自分理念」は人の人間性を変え、未来にも変化を生じさせていきます。

そして次第に、**あなたにとって「一番大切なことを一番大切にする」人生にシフトしていくことができるようになる**のです。

5.4 職場とは、そこで働く社員が幸せになる場所

「自分理念」を持つと、生きること、働くこと、そして幸せになることといった、人間にとっての本質的な価値を考える機会が物理的に増えていきます。

その中でも、自分自身が日々取り組む「仕事」について、より深く考えるようになります。

例えば、売上や利益の数字にこだわり、それだけを目標にして働くといったことは、仕事の本質的な意義から外れていることにも、次第に気づくようになるでしょう。

本当に大事にすべきは、売上を上げることではなく、売上を上げたその先にある、お客様の喜びや笑顔です。

そのために自分は何をしたか、これから何をしていくべきかを考えていくことこそが重要なのだと思います。

企業経営においても、当然、売上や利益などの数値目標は存在しています。

しかしながら、それは「目標」ではあっても、企業の究極の目的ではありません。

では、企業の究極の目的とは何か？　考えるヒントになることがあります。

それは、**「そもそも企業とは、いったい何のために存在しているのか」**ということ。

この「そもそも～」を突き詰めて考えると、企業は「人が幸せになるため」に存在しているのではないか、と思うのです。

しかし、この「人を幸せにする」という目的が、いつの間にか形骸化して、「企業を維持存続すること」が目的になってしまっていることがあります。

企業経営の目的を考えると、まずその目的に至る途上の「目標」は、お客様に喜んでもらうこと、お客様を幸せにすること、だと思います。

その、お客様を幸せにするための手段として、商品やサービスが存在しているのであって、商品・サービスを販売することが目的ではありません。

そうして、仕事でお客様から喜ばれて、感謝され、最も嬉しいのは誰なのか……それは「自分自身」なのではないでしょうか。

そして、これこそが企業の究極の目的、存在意義ではないか、と考えています。

つまり、**企業経営の目標とは、仕事を通じて「お客様が幸せになること」**であり、その先にある**企業経営の究極の目的は、「そこで働く人が幸せになること」**だと思っています。

それでは、「企業」や「会社組織」が、人を幸せにするためにあるとするならば、「職場」とは何でしょうか。

それは**「そこで働く人が幸せになる場所」**です。

つまり、企業や組織は商品やサービスなどを通じて、社会に価値を提供し、お客様を幸せにすることを目標に仕事をします。その結果、お客様を幸せにしながら、働く社員も幸せになっていくことが究極の目的です。それが職場であり、会社だと思っています。

このように、あなたの「自分理念」と、「企業理念」を重ねる努力をしていくと、働く理由に矛盾がなくなります。

そのような「自分理念」を持った社員が増えれば増えるほど、お客様も自分も幸せに向かうので、組織はよりよい状態になり、創造性や生産性が高まります。

そして、組織全体の業績が上がれば、お客様をもっともっと幸せにすることができます。さらに、そこで働く人も同時に、もっともっと幸せに向かうのです。

5.5 あなたが仕事で嬉しかったこと、感動することとは

あなたにも仕事で、「あなたに頼んでよかったよ。本当にありがとう」とお客様から感謝された経験があるかもしれません。ひょっとしたら、中には「感謝の手紙」をもらった、という人もいるかもしれませんね。それはきっと、何物にも代えがたい、最高に感動する経験ではないでしょうか。

事実、私はご支援先で社員さんのアンケートを取ることがあるのですが、その中で**「仕事をしていて、嬉しいこと、感動したこと」のダントツの1位は、常に「お客様からの感謝の言葉」**です。

どの企業でも、ダントツの1位です。お金がダントツの1位ではないんですよね。意外でしたか？

「いや、私にとってはお金が一番だ。仕事してお金をもらえればそれが幸せだ」という方も中にはいらっしゃるでしょう。もちろん、それを否定するつもりはありません。このような仕事の考え方、「仕事観」は基本的に自由ですから。

だから、「それも大切なあなたの仕事観なんですね」と思うだけです。

それでもいいと思う理由はもう1つあって、そう言っている人だって、お金をもらっているのであれば、仕事で「お客様を幸せにしている」はずだからです。

仕事でお客様に喜んでもらった結果、感謝とともに、報酬……つまり、お金をいただいているはずです。

そして、会社はそれを、給料として社員に還元しています。

だから、**「仕事してお金をもらえれば幸せ」という仕事観でも、結果としてお客様を幸せにしているのであれば、何ら問題はない**、と思います。

ただ、ほとんどの企業において、仕事は1人でやっているわけではないので、仕事をする過程で、一緒に働くチームや組織のメンバーに心配や迷惑をかけたり、「あの人は、自分のお金のことしか考えていない」などと思われたりしてしまうのでは、少し具合が悪いでしょう。

なぜならば、そういった**関係の質の悪化は、先にお伝えした「組織の成功循環モデル」に照らし合わせると、思考の質、行動の質の悪化を招き、結果の質である「お客様の幸せ」につながるパワーが削がれてしまうことにつながる**からです。

だから、あとは本人がそこにどう気づいていくか、という問題だけになります。

つまり、本人が「自分理念」を考える中で、自分自身が日々取り組む「仕事」の本質的な意義について深く考えるようになれば、自ずと気づけることなのです。

そういった観点からも、チームや組織、あるいは企業の中で、「自分理念」をつくることによって働く人の「仕事観」（仕事に対する考え方）を高めることの大切さに気づき、実際に取り組む企業が増えてきています。

5.6 まず自分から与えていく「10分ルール」

第1章で、「相手のため」は「自分のため」ということをお伝えしました。

基本的に、人は自分自身のために生きていますし、自分のために働いています。

しかし、それがあまりにも自己保身に傾いていくと、個人としても仕事はうまくいきませんし、組織としても、関係の質から思考の質、行動の質、結果の質が低下し、メンバーのモチベーションが下がり、生産性も上がりません。

つまり、

「自分さえよければいい」

「自分が損するのは嫌だ」

と、自分の損得ばかりを考えていると、それが伝播し、お互いに自分の利益を守ろうとして、メンバー同士の関係の質が上がるはずがありません。

これは、客観的に見れば誰にでもわかることですよね？

しかし、**実際当事者になってしまうと、自分の損得を無意識に考えてしまう人がまだまだ多い**、ということなのです。

実のところ、ほとんどの人は、意識的に関係の質を悪くしようと思ってしているわけではないのです。

本来は誰しも周囲と良い関係の質を築きたいと思っています。

ストレスの高いギスギスした職場よりも、ストレスを感じにくい笑顔の溢れる職場を、誰もが好ましく思っているのです。

ですから、ちょっとしたきっかけがあれば、そこから劇的に関係の質が変化するということがあり得ます。

例えば、私がご支援先の企業でよく提案しているのは、**「1日10分だけ、他部署の
メンバーを手伝ってみよう」**ということです。

「10分も無理だ」という方は、5分でもかまいません。1日のうちほんのわずかな
時間だけ、自分以外の誰かに意識を向けてみようという試みです。

わずか10分程度ですから、いずれにしても、たいした作業量にはなりません。
しかし、その10分で、相手や他部署の仕事の内容を知る絶好の機会になります。

そして手伝ってもらった方は、純粋に嬉しいはずです。
きっとお礼の言葉をかけてくれるでしょうし、「次は自分が手伝いますね」とお返
しもしてもらえるでしょう。お礼の言葉をかけてもらえるだけでも、良い気分になり
ますよね。

こんなふうに、**職場の中でお互いを支援しあう「相互支援」**の風土が生まれ、**それによって組織の関係の質はぐっと向上する**のです。

他部署の仕事内容を知れば、お互いへの感謝の気持ちも深まることでしょう。そしてまた、自分の仕事が会社の中でどのように流れ、どうつながっていくのか、大きな視点で仕事を捉えることができるようにもなります。

これはもちろん、「他部署」ではなくて、同じ部署やチームの中で「他のメンバーの仕事を手伝う」から始めてもよいです。自分の会社の状況に合わせて柔軟に「10分ルール」を設定し、楽しんで取り組んでみてください。

相手に何かを与えると、自分も何かを得ることができる、という気づきを得られるのが相互支援です。逆に、何も与えなければ、何も得ることはありません。

この「10分ルール」をやってみることで、それを体感することができます。

実際に、やってみた感想をお聞きすると、「最初は、嫌だな〜、面倒だな〜、かえって仕事の邪魔になるんじゃないかな〜と思っていたけど、実際にみんなでやり始めたら、相手が喜ぶのを見るのが楽しくなった」とか「感謝されて嬉しい」「何より相手との人間関係がよくなる」といった声が上がります。

つまり、いいことだらけなんです。だから、次第に自発的に取り組むようになっていくようです。

人間は、「快」……つまり、心地よい、楽しい、嬉しい、という感情は再現しようとしますから、「快」につながる行動は継続しようとします。

反対に、「不快」につながる行動は継続しません。

この相互支援も、上司からやれと言われたから嫌々やるのでは、それほど効果は上がりません。だから、まずやってみること。そして、**お互いに意識的に「感謝の気持ち」を伝えることで、次第に「快」につながる行動になっていく**のだと思います。

5.7 考え方の習慣が、人生をつくる

ここでは、私たちが生きていく上でとても大きな意味を持つ、「習慣」についてお伝えしたいと思います。

「習慣」は、人間の行動全体のうちの約4割を占めると言われる、無意識の行動に紐付いています。

それぐらい強固なものであり、一度身についた習慣はそう簡単には変えることができません。

しかしながら、**古い習慣を変えることは難しくても、新しい習慣を身につけることは可能**です。つまり、新たな習慣をプラスオンするのです。

私自身も、多くの習慣を新しく身につけたからこそ、ジーンズメーカーからコンサ

ルティングファームに転職をした後も、ここまでやってこれたという実体験がありま
す。

身につけた習慣を挙げるとたくさんありますが、中でも最も変えた習慣は、**「挨拶をこちらからする」こと**です。

これは、社会人としてはおそらく当たり前レベル、だと思うのですが、以前の私にはない習慣でした。

私たちコンサルタントは、経営者さんと経営にまつわるお話をするのが仕事です。その場合当たり前ですが、経営に関する知識や戦略的思考法、問題解決法、管理会計の仕組みを構築するスキルなどの「専門性能力」は、当然見られます。

しかし一方で、「このコンサルタントは、うちの社員の見本になるような人間だろうか」とか「社員の見本となって、リーダーシップを発揮できる人格を備えているのだろうか?」といった「人間性能力」の視点でも見られるのです。

その際に、私が当初気にしていたのは、自分自身の声の低さです。

実は、声が低くて聞き取りづらい、といったことが、ジーンズメーカーで営業をしていた時から、私自身のコンプレックスになっていました。

自分自身では挨拶をしたつもりでも、声が低くて相手の耳に届かずに、「何か言った？」と聞き返されたりします。そして「なんだ営業なのに挨拶ひとつまともにできないのか」というふうに受け止められた気がして、自己嫌悪に陥ることがたびたびありました。

それが、私自身の「自分は明るく挨拶をすることが苦手だ」「声の低さを指摘されることは恥」、だから「こちらからコミュニケーションを取るのは極力避けよう」という思い込み、セルフイメージの低下につながっていたのです。

しかし、コンサルティングファームに入社したとき、先輩から見事にそれを見抜かれ、「そんな声や挨拶の仕方では話にならない。お前はまず声を変えろ」「明日からは朝早く来て、挨拶の声出し訓練をやれ」と、ハッキリ言われました。

そして、「声はお腹に力を入れて腹式呼吸でこう出すんだ、声の大きさはこう調整するんだ」「喉から声を出そうとすると、喉を痛めて声が枯れてしまうから、気をつけろよ」などと、私が苦手意識を持っていた、声の低さや声の大きさをカバーする練習方法を教えてくれたのです。

そこから朝早く来て、挨拶の訓練をするようになりました。

時には先輩も一緒にやって応援してくれ、懸命に取り組んだ結果、声の出し方を改良することができたのです。

さらにその後約3ヶ月間、徹底的に毎朝の声出し訓練を続けていった結果、声の出し方において自分の新しい習慣が出来上がったのです。

声の出し方を改良して、よく聞こえる発声ができるようになったら、「なるべくこちらから挨拶をしない」という習慣は次第になくなり、新しく「挨拶はこちらから、明るく元気にするものだ」という習慣に変化していきました。

そして今では、人前で話をするときには、練習して身につけた声の出し方が自然とできるようになりましたし、人に会ったらこちらから挨拶をすることが当たり前になっています。それによって性格も変化したように思います。

他にも、読書をする習慣、本から得たものを行動に変換する習慣、課題に取り組むタイミングの習慣、忘却対策の習慣、時間の使い方の習慣など、数え上げればいくつもあります。

この習慣の力を使って、あなたが仕事で発揮する生産性をどんどん上げていけば、「自分理念」に掲げた理想の自分に近づくスピードも上がり、仕事人生ががらりと変わっていくのではないかと思います。

特に若い方々に、私がぜひ身につけてほしいと思っている習慣は、「考え方の習慣」です。これは3つのプロセスでご説明したいと思います。

まず、**1つ目のプロセスは、「考え方を学ぶ」こと**です。

人間は、どうしても人との関わりの中でしか生きられません。ということは、「人間性能力」の向上は必要不可欠な課題と言えるでしょう。

そうは言うものの、このような目に見えない「人間性能力」、いわば「人間学」については、学校教育の中で教えてはくれませんから、大多数の人は自分自身で、自発的に学んでいかなければなりません。今、学ぶ方法は世に溢れています。本や動画でも学べますし、安価もしくは無料のオンラインセミナー、コンテンツもたくさんあります。

このとき「自分理念」があると、自分の人生の目的やビジョンがはっきりしていますから、自発的に学び始めることができるのではないかと思います。

2つ目のプロセスは、「習慣化し身につける」ことです。

「人間学」の中では、人との関わり方など、生きていく上で大切な考え方を数多く学び取ることができるはずです。

そうして学んださまざまな考え方は、実践し、意識的に反復・継続していくことで、新たな「考え方の習慣」として身につけていくことができるでしょう。

若いうちにこうした重要な考え方の習慣化ができれば、その後の全ての思考や行動が、大きな負担もなく適切に行われます。すると無駄がなく、最短ルートを取ることができるのです。これが習慣化の力です。

ただし、習慣化するまでがなかなか大変なので、1つおすすめの方法をお伝えしたいと思います。

「思考」や「考え方」といった抽象的で目に見えないものは、すぐに意識から消えてしまいがちなので、形のないものには形を与え、目に見えるようにしてやるのです。

つまり、**言葉にして紙に書き、貼り出しておくという方法**です。

抽象的な事柄も言葉にして形を与えれば、ブレることがなくなります。また貼り出しておけば、見るたびに思い出しますから、意識することができ、さらに定着のスピードが上がるのです。スマホの待受画面にするのも、良い方法です。

ここまで来たら、**3つ目のプロセス「行動を変えて、成果につなげる」**のみです。習慣化できれば行動が変わり、行動が変われば成果が変わります。

そして、自分理念に沿って自分らしく、ブレずにストレス0で、あなたの生産性を飛躍的に上げることができるようになるはずです。

これは実際に、私が新人コンサルタントだった頃から、膨大な業務に追われ、生産性を上げる必要性にかられて編み出した方法でもあります。

ぜひ試してみていただければと思います。

おわりに

今までの人生で、不安を感じてふと立ち止まったことはありますか。おそらく誰しも一度や二度はそんな経験があるのではないでしょうか。

その不安の正体は、自分の「生きる目的」がぼやけていることにあります。

「生きる目的」を見つける、スキル。

これからの社会に必要になるビジネススキル、仕事術としてこの本を書きました。

ここに書いたことは、理想だと思われる方もいると思います。しかし、理想を描くことがなくては、個人も会社も、そして社会も、進化していかないと思うのです。

社会に出たら、仕事を覚えることは確かに大事です。

でも、その仕事を、「いったい何のためにやるのか？」さらに、もっと言うと、そもそも「いったい何のために私たちは生きるのか？」。

このような問いを、自分自身の中に持って日々の仕事の意味を考える時間。これは、とても大切だと私は身をもって体験し、そして今ではハッキリと確信しています。

なぜならば、**その自問自答によって、これからの人生に自分で意味を見出していくことで、自分の人生を切り開くことができる、**と思うからです。

そして、それは早ければ早い方がいいとも思っています。

人生の時間には限りがあるのですから。

だからこそ、社会に出て「仕事の意味、働く意味、生きる意味」にふと悩んだ時、立ち止まり、この本の内容に沿ってアクションを自分で起こし、何かを変えていくきっかけにしてほしいと願っています。

この本には、今までの自分の人生の中で、学んだことから考え、実践してきた内容を「すぐに活用できる」スキルとしてまとめました。

私は、この「自分理念」をつくり活用する仕事術を共有して、世の中に「ブレずにストレスなく仕事や人生に向きあえる人」が増えることを願っています。

仕事や人生の中での悩みは、なかなか深く難しいものですが、そんな時こそ「自分理念」があなたの判断基準＝「自分ものさし」になって、前進する勇気につながると思います。

実際私自身も、「自分理念」を定めると、考え方と行動がブレなくなり、次第に周りの人たちから支えられて成長する、という実体験が得られました。

自分起点で行動を起こしていくと、次第に周囲の人たちと志でつながり始めます。

そして、世の中で起きている課題を理解していくと、なんと、自分の志と重なるところがあるではないか！と気づくことが増えていきます。

すると、今までの世界が違って見えるようになります。

「会社で周りの目を気にして仕事をする自分」という感覚から、「志事で生きていく自分で世界を見ている」という感覚に変化するのです。

そして、そういう感覚で、職場で仕事に取り組む同僚や先輩、上司の背中にふと気づいたら、ぜひ志を話したり、聞いたりしてみてください。彼らから、またさらに違った視点での学びも得られると思います。先輩方も、そうやって自分の人生を考え、自分で切り開いてきたのですから。

そして、そのように「自分ものさし」を持って、働く人たちと、職場でも、社会でも早くつながって、相互支援し、より高い価値を社会に発信する自分へと成長していきましょう。

この本を書きながら、改めて、これまでの来し方において私を支えてくれた方々の思いや願い、その恩を思い出すことができました。さらにこれからも、まだまだ成長していきたい、成長を楽しんで、この人生の旅路を良いものにしていきたい。その恩いを新たにすることができました。

最後に、ここまで僕を育ててくださった皆さん、——両親、EDWIN時代の先輩や仲間たち、古巣のコンサルティングファームの皆さん、師匠である福島正伸先生と一緒に学んできた仲間たち、自走式組織協会の仲間の皆さん、その他にも書ききれないほど多くの方々に助けていただいて、なんとかやってこれました。皆さんの思いや願い、恩に心から感謝申し上げます。

本書の編集・出版に際しまして、企画協力いただきましたネクストサービスの松尾昭仁さん、大沢治子さん、そしてぱる出版の岩川実加さん、西岡亜希子さんには多大なるご支援をいただき、本当にありがとうございました。

そして、何より、本書を手に取ってくださった読者の皆さんに、心から感謝申し上げます。

2023年12月　吉野　創

読者のあなただけへの特別な特典

「自分理念ワークシート」を プレゼント

本書を読み終えて、自分の大切なものさしになる、
あなただけの「自分理念」をつくってみたい！ とお考えの方へ

「とはいえ、どこから始めたらいいんだろう……」と、
考えてしまう方もいると思います。

そういった方のために **「自分理念ワークシート」** を用意しました。

ワークシートに沿って、まずは気軽に **「自分理念」** づくりに
取り組めるようにしています。
個人でも、チームや会社の仲間と一緒にでも、楽しくつくってみてください。
ぜひ、多くの方に活用していただきたいと願っています。

＼ こちらから、無料で受け取っていただけます。／

「自分理念ワークシート」
https://m.true-team.net/p/r/GaUiTS3X

QRコードからも
簡単に取得できます。

※特典の配布は予告なく終了することがあります。ご了承ください。
※このプレゼント企画は株式会社トゥルーチームコンサルティングが実施するものです。
プレゼント企画に関するお問い合わせは「https://true-team.com/contact」までお願いします。

吉野 創（よしの・はじめ）

株式会社トゥルーチームコンサルティング 代表取締役／
一般社団法人 自走式組織協会 代表理事

北九州大学法学部卒業後、ジーンズメーカー大手EDWINで営業に従事。その後、経営コンサルティングファームにおいて約300社の財務分析と管理会計の構築ノウハウを習得。マネジメント責任者、支社長などを歴任し、コンサルタントの育成にも携わる。人や組織に、さらに深く関わる合宿や研修を延べ5000人へ実施。社員が自発的に動く成長ノウハウを見出し、体系化。

2014年「株式会社トゥルーチームコンサルティング」を設立。指示なしでも社員が動く組織づくりは、経営者の組織と業績の悩みを同時解決する手法として公式認定され、「自走式組織®」として2018年に商標登録。100社以上の「自走式組織®」を生み出し、クライアントは3年で売上2.1倍、経常利益4.3倍、わずか1年で粗利益率7.9％改善や、離職率を0％にするなど多くの成功事例を持つ。

自身の経験から、特にマネジメント層の思いに寄り添う人間味溢れる支援が強み。業績がアップするだけでなく、働く社員のやりがいと一体感のある理想の組織になったと多くの経営者から厚い信頼を受けている。

著書に『売上を2倍にする 指示なしで動くチームの作り方』（ぱる出版）がある。

自分《じぶん》ものさし仕事術《しごとじゅつ》
ブレずにストレス0で成果《せいか》を2倍《ばい》にする方法《ほうほう》

2024年4月3日　　初版発行

著　者　吉　野　創
発行者　和　田　智　明
発行所　株式会社　ぱる出版

〒160-0011　東京都新宿区若葉1-9-16
03(3353)2835－代表　03(3353)2826－FAX
印刷・製本　中央精版印刷（株）
本書籍に関するお問い合わせ、ご連絡は下記にて承ります。
https://www.pal-pub.jp/contact

ISBN978-4-8272-1438-3 C0034